朝日新書
Asahi Shins

「郵便局」が破綻する

荻原博子

朝日新聞出版

はじめに　本書のトリセツ

「郵便局」が、「破綻」の危機に直面しています。

そう聞くと、「まさか！」と思う人が多いのではないでしょうか。

本書では、「なぜ郵便局が破綻する状況なのか」を様々な角度で検証します。

さらに、**「郵便局」が「破綻」したら、皆さんが預けたお金や加入している保険がどうなるのか**を書きました。

「そこが一番気になる」という人は、**次ページの「ダイジェスト」を読んでアウトラインを知り、いきなり第6章から読み始めてください。**なぜ「破綻」するのか詳しく知りたいという人は、「ダイジェスト」は飛ばし、序章から読み始めてください。

ダイジェスト【なぜ郵便局が「破綻」するのか】

「郵便局」は**日本最初の官営フランチャイズチェーン**で、明治4年（1871年）に設立。郵便を配るだけでなく、「貯金」と「簡易保険」とで金を集める**「集金マシーン」**で、戦前は、集めた金を戦争のために使っていました。

終戦直後は、**「預金封鎖」やマッカーサーの特定郵便局長会への解体命令**でピンチに陥りましたが、田中角栄の登場で、再び繁栄を迎えました。

田中角栄は、「郵便局」で集めた金を、**「財政投融資」というかたちで「国の第二の予算」として使い、土建国家を築きました**。さらに、政治家の「集票マシーン」として利用したため、戦後、「郵便局」は約1万局も増えました。

田中角栄が築いた土建国家を覆したのが、小泉純一郎の「郵政民営化」でした。**そ**

ここには、**「郵便局」に触手を伸ばす米政府の意向も大きく働いていたと言われています。**

「郵政民営化」は紆余曲折の末、2012年に「日本郵政」を親会社に、「日本郵便」と「ゆうちょ銀行」、「かんぽ生命保険」（以下、かんぽ生命）の4社体制になりました。しかし、**政治に翻弄された結果、「民営化」とは名ばかりの中途半端なものとなり、「破綻」を避けられない5つの時限爆弾が埋め込まれました。**

第1は、株価の下落。これによって「ゆうちょ銀行」「かんぽ生命」の完全民営化はなくなり、今のままだと**東日本大震災の復興財源が確保できず、**「日本郵政グループ」が**3兆円弱の巨額損失を計上**する可能性が出てきました。

第2は、コストのかかる全国一律の「ユニバーサルサービス」を義務付けられているため、**赤字体質から抜け出せず、**しかも「郵便局」を支える「ゆうちょ銀行」「かんぽ生命」2社が「不正販売問題」もあって稼ぎが激減。「ユニバーサルサービス」が義務付けられているので**「郵便局」の数を減らすことができず、局員の数を大量に減らしていることでブラック企業化が進んでいます。**

第3は、**優秀な経営者を政治の思惑で次々と使い捨てにしてきた**ので、今の「郵便局」を立て直せる力のある経営者がいなくなったこと。**企業のガバナンスも効かなくなり、**巨額損失や不正事件が後を絶たなくなっています。

第4は、「郵政民営化法」に縛られ、新商品の発売前に良し悪しを広く問わなくてはならないので、良い商品であればあるほどライバル企業から潰されて、**優れた商品をつくれない**企業としての根本的な致命傷があることです。

第5は、民間企業といいながら、経営判断よりも政治判断が優先され、行き当たりばったりの方針でしか会社運営できなくなっていること。そのため、**民間の優秀なノ**

ウハウを大胆に取り込むことができない組織となっています。

以上のように「企業としての将来性」が描けず、展望も競争力もない中で、**頼みの綱の「ブランドイメージ」も「不正販売」で地に落ちました**。さらに、新型コロナウイルス禍の長期化で、「郵便局」を支える「ゆうちょ銀行」「かんぽ生命」の収益も悪化し、株価も下落していく悪循環に見舞われています。

もはや**「郵便局」神話は崩壊し、「破綻」へのシナリオが着々と進みます**。

「破綻」に直面した「郵便局」に、預けている私たちの財産はどうなるのか。**第6章でまとめていますから、不安な方は**まずそこから先に読んでください。

「郵便局」が破綻する　目次

第3章

「郵便局」を変えた田中角栄VS.小泉純一郎

戦後の混乱で起こった「預金封鎖」／敗戦で国民が餓死する⁉／終戦後に「新円切り替え」を実施／「旧円」は紙クズになる／「新円切り替え」で実質的に資産は目減り／政府の思惑と裏腹にインフレが発生／国民を裏切って財政を再建／戦後も「集金マシーン」として復活／時代の変化で窮地に追いやられる「特定郵便局長」／田中角栄が「郵便局」を救う？／田中角栄に尽くす「特定郵便局長」

「巨大郵便帝国」を築いた田中角栄／「財政投融資」が角栄の金脈／「金権政治」の功罪／カネを生むニワトリだった「郵便局」／橋本改革と郵政族の巻き返し／「郵政民営化」小泉が首相になるという想定外／自民党を劇的に延命させた小泉／「無党派層」に訴えかける政策の始まり／「日本郵政公社」の発足／「最後のバンカー」を任用した小泉純一郎／郵便局にやって来た〝黒船〟／民営化で忙殺される「郵便局」／民営化前の郵便局では懲戒処分者が年間3000人／「日本郵政公社」は不正の温床だった／総務省による業績評価は最低ランク／発覚した不正を明らかにしない体質／「郵政Gメン」の廃止で自浄機能が低下

図版製作・師田吉郎
写真・朝日新聞社

序章　コロナショックで迫る「郵便局」の破綻

◆瀬戸際に立たされた「ゆうちょ銀行」「かんぽ生命」

「日本郵政グループ」の株価下落が止まりません。

震源地である「かんぽ生命保険」(以下、かんぽ生命)の株は、2015年の上場時の初値が2929円で、その後4120円まで上がりましたが、**20年3月現在は新型コロナウイルスによる株価の下落もあって、1243円と、ピーク時の約3割に。**

さらに、業務停止命令を受けて保険の新規販売ができず、将来のビジョンをまったく描けない状況にあり、今後も株価上昇の見通しが立ちません。

そんな中、2019年9月の中間決算で「かんぽ生命」が、前年同期比11%増となる763億円の純利益を発表して市場を驚かせました。

主力商品の保険が売れないのに、なぜ、こんなに利益が出たのでしょうか。実は、保険は長期の契約が多いので、新しく契約が獲得できなくても、以前に売った保険の保険料が毎年入ってきます。さらに普段は、「郵便局」(日本郵便)の窓口で新規の契約が取れるたびに手数料を払っていますが、販売を停止していたので手数料が発生せず、これが利益をかさ上げしただけです。

主力商品の保険が売れないということは、今後の売り上げがジリ貧になっていくということです。しかも、「郵便局」の窓口は、「かんぽ生命」の販売受託手数料で維持されていますから、もし手数料が入ってこなくなると、維持が難しくなります。

「日本郵政グループ」は、「かんぽ生命」と「ゆうちょ銀行」の稼ぎで支えられています。グループの経常利益の9割は、この2社が叩き出しています。

そして、「かんぽ生命不正販売」で危機にある「かんぽ生命」だけでなく、「ゆうちょ銀行」も、マイナス金利下で多額の貯金を抱え込んで儲けの出せない構造に落ち込み、この2社がグループを支えていけるのかという瀬戸際に立たされています。

◆「日本郵政グループ」の、2つの株価のデッドライン

「株価」は経営のバロメーターと言われます。株価があまりに下がると、会社の経営は難しくなり、〝破綻〟に向かいます。

そして、株価には、「これ以上下落したら危ないぞ」というデッドラインがあります。デッドラインとは、「最後の限界」「死線」などと言われますが、**「日本郵政」と「ゆうちょ銀行」の株価のデッドラインは、「日本郵政」が1株1132円、「ゆうちょ銀行」が1株866円です。**

なぜ、デッドラインがこの株価なのでしょうか。日本政府が保有する「日本郵政」の株は、その売却益を東日本大震災の復興財源にすると法律で決められています。そのためには最低でも株価が1株1132円以上であることが必要。これを下回ると、復興基金の調達計画が狂い、震災からの復興計画が崩れかねません。

ところが、すでに株価は1132円を大きく割れ、「746・7円」にまで下がっ

ています。

「ゆうちょ銀行」の株価のデッドラインは、1株866円。これを下回ると、持ち株会社の「日本郵政」が3兆円近い巨額損失を計上しなくてはならない可能性が出てきます。企業としての存亡に関わりかねないラインですが、2020年3月16日にはそれを下回る850円をつけました。

両企業の株価はこの2つのデッドラインをすでに超え、デッドゾーン（死の水域）に入っているということです。

この2つのデッドラインについては第5章で詳しく書いていますが、これは人間にたとえたら重体です。しかも、この先、回復するという展望が見えません。

「かんぽ生命不正販売」を受け、「日本郵政グループ」は、2020年1月に社長を交代。増田寛也社長の元で、新しい船出を迎えました。

ただ、そこに未来があるのかといえば、違います。現状では惨憺たる状況が広がっ

「日本郵政」と「ゆうちょ銀行」の株価の推移

ているだけで、未来は見えません。

「ゆうちょ銀行」の株価の下落について、国会で「株価が簿価の50％を割ったら、通常の会計ルールに基づいて減損処理をするのか」と前原誠司議員に質問され、日本郵政の増田社長は「ルールに従う」と明言しました。

２０２０年３月末の決算では、なんとかこの最悪の状況を回避できましたが、仮に今後「ゆうちょ銀行」の株価が８６６円を割る状況が続けば、約３兆円という国内企業最大の巨額減損を出すことになり、株の配当にあてる利益剰余金も吹き飛ぶ可能性が出てきます。さらに、著しく信用力が落ちるので、さらなる株安に見舞われるという悪循環が待っています。

稼ぎ頭の金融事業の低迷と株価の下落で、「郵便局員を1万人リストラする」という案も出てきています。ただ、法律によって現在の「郵便局数」を大幅に減らすことはできません。働く人だけ1万人も減らしたら、一人あたりのノルマはますます厳しくなって、現在以上にブラック企業化することは目に見えています。

儲からない→コスト削減でリストラ→ブラック企業化、で犯罪や不正多発。この負のスパイラルに株価下落までが追い打ちをかけ、まっしぐらに「破綻」に追い込まれつつある「郵便局」。

150年前、日本銀行より早く設立され、庶民の味方だったはずの「郵便局」は、なぜこんな状況になってしまったのでしょうか。

（株価は2020年3月16日現在）

第1章　庶民の味方だった「郵便局」

◆手紙で人の心をつないできた「郵便局」

次々と発覚する不正で、すでに泥舟状態になっている「日本郵政グループ」。そこには、「郵便局員の不正販売」だけでは片付けられない、組織的に根深い問題が横たわっています。けれど、以前の「郵便局」は、そうではありませんでした。

「郵便局」は、1871年に初めて開設されてから約150年間、私たちにとって最も身近な存在でした。どんな山の中の村にも「郵便局」はあり、雨の日も風の日も手紙を配達し、家族に送る大切な荷物を届けてくれます。

私たちは、「手紙」に多くのことを託してきました。

田舎の親と都会の子供をつなげ、友人の消息を知りました。薄っぺらな赤紙（召集令状）一枚で軍に召集され、これまた薄っぺらな戦死広報で子供の死を知らされる親が多かった時代、「手紙」は、戦地に行った家族と残された者の気持ちをつなぐ、細い糸でもありました。
その大切な手紙を届けてくれたのが「郵便局」であり、郵便配達の局員たちでした。
電話もメールもない時代、「郵便局」は、みんなをつなげる大切な通信手段でした。「電報」で、息子の合格を知って喜ぶ両親もいました。集団就職で慣れない東京暮らしに寂しさを感じている時に、「小包」で干し柿や手編みのセーターを送ってくれる母の心遣いに、頑張ろうと思う若者もいました。「手紙」や「電報」「小包」を届けてもらいながら、息子のような郵便局員が、毎日顔を出してくれるのを楽しみに待っているおばあちゃんも、過疎地などにはいます。

「郵便局」は、多くの人と、その思いをつなげてきました。

そんな身近で頼れる「郵便局」ですが、その歴史をたどっていくと、戦争のために戦費調達を担ってきた「裏の顔」が見えてきます。**郵便局は明治政府がつくりあげた、**

国家的な「戦費調達マシーン」でもあったのです。

◆貧乏な明治政府がつくったフランチャイズチェーン

今でいう「郵便局」ができたのは、今から約150年前の1871年（明治4年）のこと、東京・京都・大阪間で手紙を運ぶ事業を開始しました。

創設に貢献したのが、明治政府の官僚で「郵便制度の父」と言われた前島密《ひそか》です。前島は、イギリスで、誰もが安価で「手紙」をやりとりできる郵便のシステムを見て、日本にも同じような仕組みを導入したいと考えました。

ただ、新しい政権を樹立したばかりの明治政府には、全国に郵便網をつくるようなおカネもなければ人材もいませんでした。

そこで考えたのが、地方の地主や名士に、「カネ」と「人」を都合してもらうことでした。

地方には、庄屋や地主などのお金持ちがいました。そうした人たちに、しかるべき官職を与える見返りとして、土地や建物や人を無償提供してもらおうと考えたのです。そのしかるべき官職とは、「郵便取扱役」という準官史の身分でした。

お金があっても身分は農民のままという田舎の庄屋にとって、「郵便取扱役」という身分を与えられて地域の郵便事業を取り仕切るのは、名誉なことだったのです。

役職は与えられるがお金のない明治政府と、お金はあるけれど立派な肩書がない地方の庄屋や地主のニーズが合致し、全国津々浦々に「郵便局」ができていきました。

たとえて言うなら、「郵便局」は、政府が、各地の資本家をオーナーとしてつくりあげた、日本最初のフランチャイズチェーン店です。

今でこそ、セブンイレブンやローソンのように、地元の酒屋や青果店だった人たちが、全国統一の看板を掲げて商売をするフランチャイズチェーンは珍しくありませんが、この仕組みを150年も前に考えついた明治政府は、たいしたものです。

しかも、この方式が大当たり。

最初の郵便局ができた翌年の1872年（明治5年）には、政府直轄の「郵便局」である「郵便役所」は8箇所しかなかったのに、庄屋や地主が担う「特定郵便局」の前身である「郵便取扱所」は171箇所もできていたのです。

本書では、しばしば「特定郵便局」という言葉が出てきますが、そのルーツは、郵便局のネットワークにお金を出した、地方の庄屋や地主が運営する「郵便局」だったということは、覚えておくと後々の理解がしやすくなります。

「郵便局」は、瞬く間に全国に多くのネットワークを広げていきました。このネットワークを使って次に明治政府が行ったのは、「手紙」の配達だけでなく、地域からのお金を集めることでした。

◆「郵便局」は地域の集金装置

全国に、最初の「郵便局」（郵便取扱所）ができたのは、１８７１年（明治４年）ですが、なんとその４年後の１８７５年（明治８年）には「郵便貯金」ができて、東京都下と横浜の19の「郵便局」で、貯金集めが始まっています。

１８７５年といえば、西郷隆盛が賊軍となって戦った西南戦争（明治10年）の２年前。日本は、まだ内戦の最中で、当然ながら政府の財政基盤も脆弱でした。

西南戦争が終わると、大量の不換政府紙幣や不換国立銀行紙幣が発行されていたことで、ちまたにお金がたくさん出回りすぎて、お米の値段が２倍になるという、激しいインフレが起きました。

不換紙幣とは、金や銀などと取り替えることができない紙幣です。

物価の上昇は庶民生活を直撃しますから、困った明治政府は、松方正義を大蔵卿（現在の財務大臣）に就任させ、不換紙幣を減らして、金や銀と交換できる兌換銀行券を発行するために中央銀行を設立しました。これが、今の日本銀行、通称「日銀」です。「日銀」が業務を開始したのは、１８８２年（明治15年）でした。

つまり「郵便局」は、「日銀」ができる7年も前から、貯金でみんなのお金を集めていたということです。

表を見るとわかるように、明治政府は、貯金ができる「郵便局」をどんどん増やしていきました。

表向きは、「国民のお金をしっかり預かり、財産形成をさせる」ということですが、もう一つの目的が「郵便局」を使った国費集め。

「富国強兵」で軍備の増強を最優先にしていた明治政府は、１８９４年には日清戦争で台湾や中国の遼東半島を割譲され、１９０４年には日露戦争でロシア領の樺太の南

個人貯蓄を取扱う郵便局が増えた

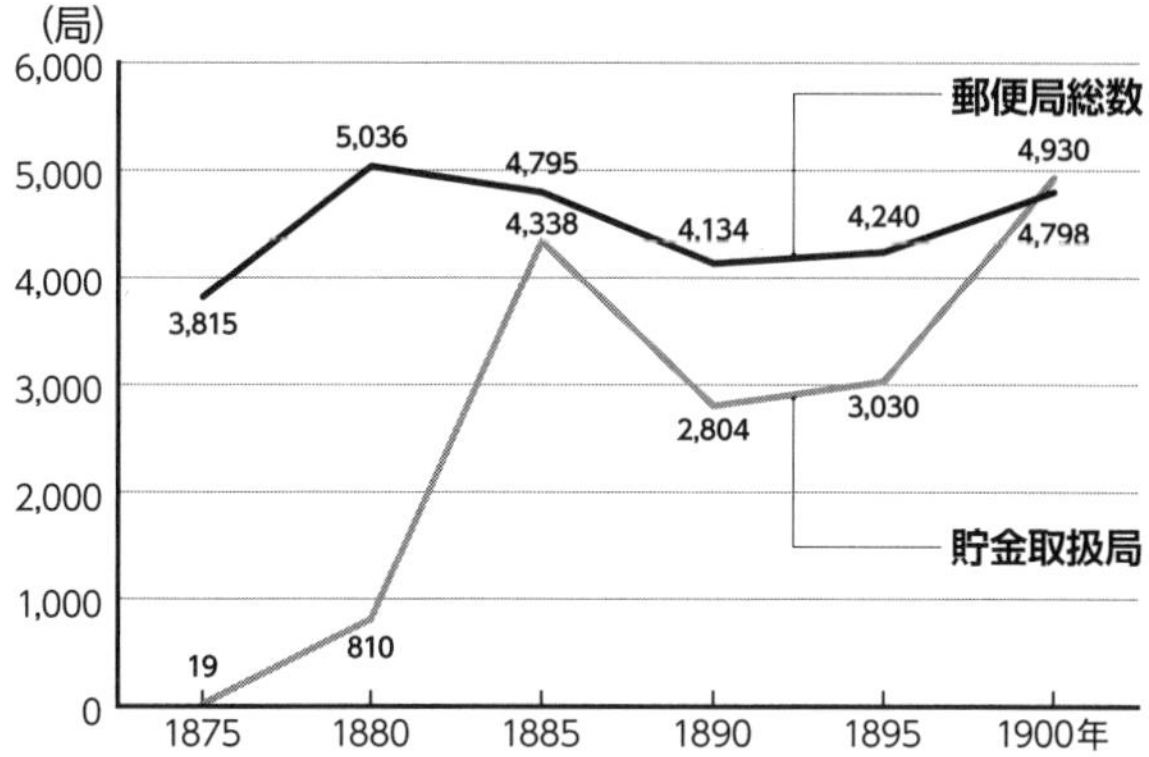

出典）迎由理男『郵便貯金の発展とその諸要因』国際連合大学（1981）、寺西重郎『日本の経済発展と金融』岩波書店（1982）
田中光「明治期郵便貯金制度の歴史的展開」（2008）

半分を取るという、2つの対外的な大きな戦争を引き起こしています。

こうした時代背景を見ると、「郵便貯金」は、「国民の資産形成」を真剣に考えてつくったというよりは、「軍費調達」が目的だったと見るほうが妥当でしょう。

◆「郵便局」の目的は富国強兵

明治政府は、国を立ち上げたばかりで、財政面が脆弱でした。

けれど、ゆっくり時間をかけて国の経済を強くする余裕はありませんでした。なぜなら、この時代は、周囲を見回せば世界中が戦争と紛争に明け暮れていたからです。

特にアジアは、ヨーロッパの列強の草刈り場と化していて、ほとんどの国が列強の植民地となっていました。

そんな中で、アジアの小国だった日本が列強から国を守るには、軍備をしっかり整えるしかありませんでした。

そのため、明治政府は、みんなの愛国心に訴え、「郵便局」を通して集めたお金で軍備を強くし、「富国強兵」を進めたのです。

こうして、貯金業務をする「郵便局」の数は、当初の19局から、清と戦った日清戦争（1894年）までには約3000局まで増え、さらに、ロシアと戦った日露戦争（1904年）の前には、約5000局になっています。

日清戦争は、明治政府が、初めて外国と戦った戦争です。

日清戦争に勝ったことで、日本は、当時の国家予算（約8000万円）の3年分の

賠償金を手にしましたが、これと同じだけ日清戦争でお金を使っていたので、実は、財政難になっていました。

その解消のために、「富国強兵」「倹約貯蓄」をことさらスローガンとして掲げました。1899年からは、工場、役所、会社、兵営などに郵便局員がわざわざ出向いて集金する「郵便局員出張取扱」の制度もできています。

◆国民を資金源に日本は海外へ進出

1900年代に入ると、日本は積極的に海外進出を始めました。1905年には日露戦争に勝って南樺太を日本に編入、1910年には韓国を併合、1914年から始まった第一次世界大戦では、ヨーロッパで戦争が行われている間に、ドイツの租借地だった中国の山東省青島を占領しました。

この間、「郵便局」の数も右肩上がりに増えています。

1905年には、郵便貯金を全国約6000の「郵便局」で扱うだけでなく、出張取扱所を2966カ所に開き、工場や会社などの中にもなんと約1万の貯金収集場所ができました。

「郵便局」で預かる貯金額は一人ひとりで見ると少額ですが、その集金網は全国津々浦々に及んでいるために、総額では銀行などとは比べ物にならないほどの預金量になり、「戦費調達マシーン」としての役割を十二分に果たしました。

そこでは、明治政府から、「郵便取扱役」という役職を与えられたフランチャイズのオーナーたちの「郵便局長」が、先頭に立って明治政府に一生懸命に協力したことは言うまでもありません。

繰り返しになるかもしれませんが、明治政府の凄いところは、地元の地主や名士らの名誉欲をくすぐってお金を出させ、「郵便局」を開設して組織化。さらに、郵便事業のほか貯金事業を始めると「富国強兵」の錦の御旗を立て、戦費調達のための巨大集金マシーンをつくりあげたことです。

なお、こうした歴史があるので、「郵便局」という組織は、普通の会社のように上からの指令が下まで浸透して一丸となって動く組織ではありません。各地の「郵便局」が、それぞれの事情に合わせて与えられた業務やノルマをこなし、結果だけを上に報告していく、昔から個人商店の集合体のような組織なのです。

ちなみに、1900年からは、現金ではなく切手による貯金も可能になりました。

こうして「郵便貯金」は、日本の「富国強兵」の資金源となっていきました。

◆「簡易保険」でも金を集める

「郵便貯金」で味をしめた明治政府は、貯金だけでなく、「保険」でもお金を集められないかと考えました。これが「簡易保険」です。

第一次世界大戦（1914年7月〜1918年11月）が起き、その最中の1916年に、国の「簡易保険」が創設され、「郵便局」から売り出されました。

当初は、逓信省内の為替貯金局に保険部が設置されましたが、加入者が激増したために、4年後には簡易保険局が設置されました。

そのころ、日本には、いくつかの保険会社がありました。

簡易保険が登場する前に、明治生命（後の明治安田生命・1881年）、帝国生命（後の朝日生命・1888年）、日本生命（1889年）という3つの生命保険会社があり、日清戦争後には、第一生命（1902年）、千代田生命（その後ジブラルタ生命・1904年）ができていました。

当時は、戦争が頻繁に起きて多くの人が死んだこともあり、自分が死んだ後のことを心配する人も多く、5つの保険会社とも繁盛していました。

後発となった「簡易保険」は、開始時期にも恵まれました。第一次大戦は主戦場がヨーロッパだったため、日本は直接の戦火を浴びなかった一方で、物資の提供により

大いに潤い、経済が急成長したので、「簡易保険」は広く国民に受け入れられたのです。

◆「スペインかぜ」から国民を守った「簡易保険」

「郵便局」が「簡易保険」を売り出すことについては、民間の保険会社は猛反対しました。

全国津々浦々にある「郵便局」で、小口で非営利で、利回りのよい保険を売り出されたら、自分たちは客を奪われてしまうと思ったからです。

こうした反対をなんとかなだめるために、当時の第2次大隈重信内閣は、「郵便局」の「簡易保険」について、最高保険金額を250円と定めました。

当時の会社員の平均年収が350円ほどでしたから、250円といえば、普通の人の給料の約9ヶ月分。**現在価格に直すと、「死亡保険金は最高で300万円」といったところですが、医者の審査が必要なく、保険金もすぐに支払われ、しかも国が運営**

東京朝日新聞1920年１月12日掲載、マスクをした東京の女子生徒ら

していることで、「簡易保険」は大人気となりました。

さらに、１９１８年から１９１９年にかけて「スペインかぜ」というインフルエンザの一種が世界的に大流行しました。スペインかぜは、感染者約５億人、死者約５０００万人から１億人という大変なパンデミック（広範囲に及ぶ流行病）を引き起こし、日本でも、当時の人口約５５００万人に対して、約39万人が死亡しています。

当時の世界の人口が約18億人だったので、なんと人類の約３分の１がこの病に感染し、感染した人のじつに1割が死亡しています。

当時、戦争としては未曾有の犠牲を生んだ第一次世界大戦での死者が1600万人と言われているので、それをはるかに上回る凄まじい死者を出した感染症と言えます。

「郵便局」の「簡易保険」は、このスペインかぜが世界中に流行する直前に売り出されているので、保険金で経済的には助かったという人もたくさんいたことでしょう。

◆「パンデミック」は社会の仕組みを変える

余談ですが、スペインかぜのような「パンデミック」は、あまりに社会に与える影響が大きいため、去った後に、社会の枠組みの変革を引き起こすことがあります。

たとえば、スペインかぜは、あまりに世界中で猛威を振るったため、こう着状態にあった第一次世界大戦を終結させたと言われています。

その約100年前の1820年前後には、コレラが大流行しました。

19世紀には、産業革命で都市に人が集まるようになっていました。そこで働く人の多くは、狭い部屋にすし詰めになるような劣悪な環境での労働を余儀なくされ、賃金は低く、衛生状態も最悪でした。

こうした中で、コレラが蔓延。結果として、多数の死者が発生します。

しかし、その反省から、衛生環境や労働環境に目が向けられ、公衆衛生という考え方が生まれました。

その約100年前の1720年には、フランスでペストが大流行しました。

当時のヨーロッパでは荘園制度があり、各地の領主が自分の荘園内で農民を働かせて暮らしを立てていました。

ところが、ペストが蔓延し、荘園で働く労働者が極度に減ってしまったために、荘園制度そのものが崩壊しました。これが、国王への中央集権が進む一因となったと言われています。

ペストは黒死病とも呼ばれ、それ以前もたびたび流行していました。しかし、中央集権が進むと、体系だった病気への対策が取れるようになったために、以降は、それほど大規模な集団感染は起きなくなりました。

では、2020年の新型コロナウイルスは、何を残すのか。

経済的、社会的に大きな変化を起こすと思いますが、本書の趣旨で言えば、株価の暴落などで、「郵便局」の破綻を、白日のもとにさらすことになりそうです。

◆関東大震災で財政はいよいよ困窮

スペインかぜは、世界経済に大ダメージを与えました。現在のお金で約300兆円に及ぶ経済的損失を及ぼしたといわれています。

もちろん、日本経済も大きなダメージを受けました。

そして、そのダメージからやっとのことで立ち直りかけた1923年に、日本は再び大変な災害に見舞われます。

1923年9月1日に起きた、関東大震災です。

関東大震災は、政府機関が集中する東京を直撃し、340万人が被災、約10万5000人が死亡あるいは行方不明になったと言われています。経済的な損失も大きく、当時の国民総生産（GNP）の3分の1に相当する約55億円が失われたと推定されています。

日清戦争での死者は約1万4000人、日露戦争では約12万人、スペイン風邪で約39万人、関東大震災で約11万人の命が失われたのですから、「死」への恐怖は国民のあいだで高まりました。**それと比例して、イザという時に備えるという意識が広まり、「簡易保険」への加入者が急増したことはいうまでもありません。**

一方で、2つの戦争と2つの災害に直面した政府は、急激に政府支出を増やさざるをえず、財政難に陥りました。

さらに、大正天皇が崩御された翌年、1927年に発生した昭和恐慌で農村が疲弊し、五・一五事件、二・二六事件と軍人によるクーデター事件が続発、日本は軍国主義へと傾斜していきます。

こうした中で、日本は資源の確保と国内での不満のガス抜きのために、積極的に中国大陸へと進出していきました。日本の昭和は、苦境に立った経済をなんとかするべく、資源や土地、権益を求め、軍事力を強化しながら中国大陸に積極的に進出することで幕を開けました。

◆「郵便局」は集金マシーンとして肥大

1927年に、日本は金融恐慌に見舞われました。衆議院の予算委員会で当時の片岡直温大蔵大臣が「東京渡辺銀行がとうとう破綻しました」と失言したことがきっかけで金融不安が表面化し、銀行で取り付け騒ぎが発生。当時日本一と言われた総合商社の鈴木商店の資金繰りが悪化し、倒産してしまいました。

この鈴木商店の倒産で、当時、日本が国策で台湾につくった台湾の中央銀行である台湾銀行が休業に追い込まれ、大騒ぎになりました。

さらに、1929年10月に、アメリカの株価が大暴落し、世界恐慌が始まりました。

東京渡辺銀行の休業に始まって相次ぐ金融機関の休業で、経済はパニックになりました。

ところが、こうした混乱の最中でも、なんと「郵便局」は減るどころか、着実に増え続けています。なぜなら、相次ぐ銀行の休業で、民間の銀行はあてにならないという意識が浸透し、多くの人が郵便局にお金を預けるようになったからです。

日本は景気回復と、人々の不満の目を外にそらすことを目的に、中国での権益確保を目指して、積極的に大陸に進出しました。1928年には支援していた中国の軍閥の張作霖を爆死させ、これを口実に中国への進出を目論みました。この時は、中国の反発が予想以上に大きく、目論見は崩れましたが、1931年の満州事変を経て、翌

1938年12月13日、戦時国債を買いに来た人々。東京・有楽町

32年、日本は中国の清朝の最後の皇帝溥儀《ふぎ》を傀儡にして満州国を設立。世界中から非難を受けました。さらに33年に国際連盟を脱退しました。

国際的に孤立を深めるなか、１９３７年には、ついに日中戦争が勃発。

日本が中国大陸の利権を獲得するために戦争に邁進する中、その戦費の調達で、郵便局は大活躍しました。１９２０年に８０００局程度だった郵便局の数は、１９３１年には１万局を超え、第二次世界大戦が終わった１９４５年には、１万４０００局

預貯金残高（名目）の推移――郵便貯金が大きく伸びた

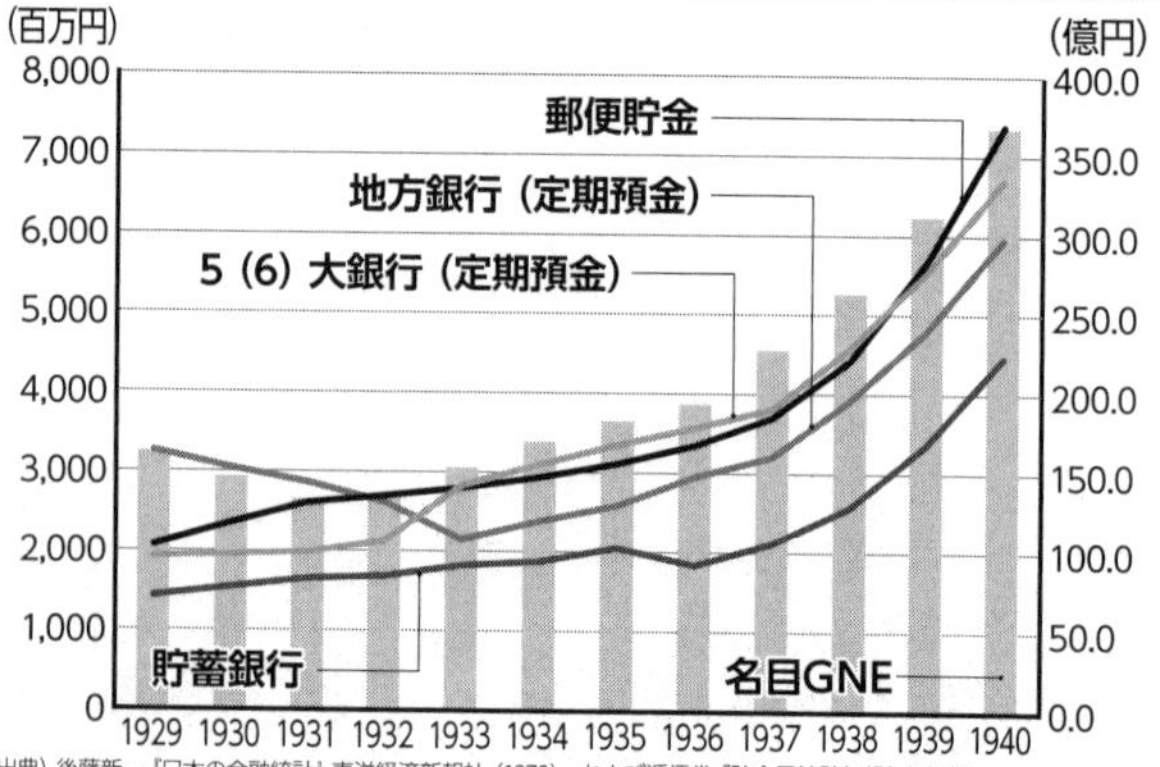

出典）後藤新一『日本の金融統計』東洋経済新報社（1970）、および逓信省『貯金局統計年報』各年版
伊藤真利子「戦時期の郵便貯金 ― 1930年代預貯金市場を中心として ―」(2017)

と急激に増えています。

◆「郵便局」が持つ２つの顔

電話が一般に普及していなかった時代、ハガキ、封書、速達、電報といったインフラは、多くの人にとって大切な通信手段でした。

当時の記録を見ると、１９３０年には年間44億通の郵便の利用があります。当時の国民１人あたりにすると、月５・７通の郵便を出していたということです。

とくに、軍事色が強まる中で、戦地の家族との通信手段の「軍事郵便」の利用が伸びました。「続逓信事業史」によると、軍事郵便の発信数は1937年に4億9000通、1938年に3億4500万通、1939年に4億2600万通、1940年に3億9400万通、1941年には3億8500万通となっています。

こうして、「郵便事業」で国民生活の利便性向上に貢献するいっぽうで、「郵便局」は相変わらず「戦費調達の集金マシーン」としても大活躍しました。

戦争には、莫大な費用がかかります。その費用を賄うために、国は国債を発行し、これを日銀に引き受けさせて戦費を調達しました。庶民には、国債や南満州鉄道の債券を売りました。それだけではなく、「郵便局」の貯金商品のラインナップを増やし、さらなる貯金の獲得を目指しました。

◆貯金商品で軍資金調達とインフレ抑制

1939年に、ヒトラーが率いるドイツがポーランドに侵攻し、英仏両国がドイツに宣戦布告して、第二次世界大戦が始まりました。

続いて1941年の真珠湾攻撃を機に日本は太平洋戦争に突入。すると、それまで以上に貯蓄運動がもえさかりました。

「欲しがりません勝つまでは」「ぜいたくは敵だ!」「進め一億火の玉だ」という戦時標語が掲げられ、お弁当の真ん中に梅干しを一個乗せただけの「日の丸弁当」が奨励され、「パーマネントはやめましょう」と、おしゃれも禁止されました。

さらに「ドンドン撃つには、グングン貯蓄」とか、「貯蓄は兵器だ、弾丸だ」、「撃つんだ、勝つんだ、貯めるんだ」「兵隊さん有り難う、我らは貯蓄で総攻撃」など、貯蓄を奨励するスローガンは、ますます戦争寄りになっていき、貼り出されるポスターも「戦果にこたえ　感謝貯蓄」とか「勝つために国民貯蓄」などというように、「戦争貯金」一色になりました。

日本が、太平洋戦争に突入する2ヶ月前、1941年10月に、「郵便局」から「定

額郵便貯金」（現在の「定額貯金」）が売り出されました。東条英機の率いる東条内閣が発足し、世の中は戦争一色でした。

さらに、太平洋戦争に突入した12月には、「郵便局」から「2年積立郵便貯金」が売り出されました。


戦争には、お金がかかります。

太平洋戦争の開戦後は、政府の国民に対する貯蓄奨励がエスカレートしていきました。1940年には「120億貯蓄達成運動」が展開され、1942年5月に、郵便貯金残高が100億円を超えました。**普通の人の給料が月100円前後の時代の100億円ですから、今のお金にすると40兆円ほど。国が、どれだけ巨額なお金を集めたかがわかります。**

しかも、目標額は、その後ますます上がっていき、「貯蓄戦でも米英打倒」などのスローガンを掲げた広告が出され、1942年には郵便貯金の貯蓄額の目標が230億円に引き上げられました。さらに、翌43年にはこの額が270億円まで引き上げられています。

戦争中、政府は多額の国債を発行し、日銀に引き受けさせて軍資金としました。市中には大量の通貨が出回り、大蔵省はインフレを恐れて、預貯金でお金を吸い上げようとしていました。

そのために設定された貯蓄目標は、１９３８年から１９４５年の合計で１９８０億円でした。ところが、実際にはなんと２１６６億９８００万円も集めました。

◆終戦の1年前に義務づけられた「厚生年金」

第二次世界大戦に突入して、戦費調達のために利用されたのは、「定額郵便貯金」だけではありません。

１９４２年には、「労働者年金保険」が創設され、１９４４年には、それまで加入が義務付けられていなかった事務職の男性及び女性も、この年金に加入することになって「厚生年金保険」と改称されました。

今に続く「厚生年金」です。

明日の命さえもわからない戦争真っ只中に、働く人の老後のために年金制度を整備するなどという余裕があるはずはなく、これも「郵便局」の貯金と同じで、手っ取り早く戦費を調達する手段だったのでしょう。

なお、戦争中にできた「厚生年金」は、現在とは方式が違います。若い世代が高齢者を支える「相互扶助」を目的とする制度ではありませんでした。

戦争中にできた制度は自分で積み立てたお金を自分でもらう、完全な積立方式だったのです。ですから、「あなたが払った年金保険料は、将来すべてあなたのものになります」という、まさに長期の貯金と同じものでした。

「積立方式」なら、自分が積み立てたお金を自分で受け取る貯金のようなものですから、支給額がはっきりしています。一方で、「相互扶助」ということになると、年金を納める若い人の数や収入額に依存しますから、いくらもらえるのかわかりません。

それが、なぜ、「積立方式」から「相互扶助」になったのでしょうか。

積立方式だった「年金」を政府が使い込んでしまい、貯金としては返せなくなってしまったのではないかと考えられます。

◆終戦で明暗分けた、「定額貯金」と「厚生年金」

同じ戦費調達の道具だったにもかかわらず、「定額郵便貯金」と「厚生年金」は、戦後に明暗を分けました。

「定額郵便貯金」は、戦争で政府がお金を使ってしまい、預金者にお金を返すことができず、「預金封鎖」という、国による実質的な預貯金の没収を行いました。

これについては、次章で詳しく説明します。

一方、「厚生年金」は、返すのがずっと先なので、「預金封鎖」のような大騒ぎは起きませんでした。
しかし、同じように預かったお金を戦争で使ってしまいましたから、戦争が終わって10年ほどして、そろそろ年金をもらうという人が出始めてくると、お金が支払えずに困ってしまいました。

そこで、なんと1954年5月、「厚生年金保険法」を全面改正して、自分で積み立てたものを自分でもらう「積立方式」から、若い世代が年金受給世代を支える「相互扶助方式」に変えてしまったのです。

結果、日本の年金は、「積立金」と「相互扶助」が混在する、世界でも特殊なスタイルになってしまいました。
日本の年金が複雑な原因の多くは、政府のご都合主義で制度がコロコロと変わってきたことの積み重ねにあります。

第2章　日本政府が「預金封鎖」で預貯金取り上げ

◆戦後の混乱で起こった「預金封鎖」

この本の「『郵便局』が破綻する」というタイトルを見て、「そんなことはありえない!!」「フェイクニュースだ!!!」と、思った方も多いのではないでしょうか。

そう思うのはあたり前です。戦後の日本の金融秩序の中では、「『郵便局』が破綻する」などということはまったく考えられないことだったからです。

なぜなら、日本では「郵便局」が「国策」であり、その維持が「国是」でもあったからです。

けれど、その「国策」「国是」が始まったのは、戦後です。金融秩序を維持することで国を復興する方針が定められ、金融機関は大蔵省を頂点とする「護送船団」と呼ばれる方式で、強い銀行が弱い銀行を引っ張りながら、一行たりとも潰さずに秩序とまとまりを持って産業にお金を回す体制を構築してきました。

そのために、日本は、世界でも稀に見る戦後復興を果たしました。

ただ、戦後すぐに、この体制が確立したわけではありません。こうしたしっかりした秩序ができるまでは、金融は「なんでもあり」の世界でした。**その代表格が、終戦1年後に政府が強行した、預貯金の引き出しを制限する「預金封鎖」です。その結果、多くの人が、財産を失いました。**

ここでは、戦後に起きた「預金封鎖」というとんでもない出来事と、そこからどうやって日本は金融秩序を立て直していったかを見てみましょう。

◆敗戦で国民が餓死する⁉

1945年8月、日本国民は、天皇陛下の「玉音放送」によって、日本の敗戦を知らされました。

戦争に負けたことで、国は厳しい財政状況に直面しました。戦時中に国債を乱発して戦費を捻出していたので、終戦直後の1946年度には、国債費が歳出予算の半分以上を占める780億円と借金だらけになってしまっていました。

戦争に負けてしまったので、借金を返済しようにも、返す手段がなくなっていたのです。

危機に直面したのは、政府だけではありません。国民生活も疲弊し、危機的状況でした。

一般の人は戦争中に、「預貯金」や「保険」、「年金」などで戦費調達に協力したのに加え、鍋や釜までも「兵隊さんの弾にする」ということで供出させられました。それが、すべて水の泡になってしまったのが、「玉音放送」の後の市民生活でした。

当時の新聞を見ると、食料も配給で統制されていましたが、その量が少なすぎて、栄養失調になり、餓死者まで出るありさまでした。

仕方なく、庶民は、着物を売り、家財道具を売って闇米を買って何とか命を繋いでいました。

終戦の翌々年、罪人を裁く判事が、「自分は闇米を裁く立場だから闇米は食えない」と頑張って、栄養失調で亡くなった話は有名です。それほど、食料が乏しく、現代の常識のとおりでは生きていけなかった時代でした。

ところが、そんなカツカツの生活をしていた庶民のなけなしの預貯金を、なんと日本の政府は、終戦のどさくさに紛れて、取り上げてしまったのです。

これが、終戦から1年後に起きた、「預金封鎖」です。

◆終戦後に「新円切り替え」を実施

「預金封鎖」は、その名の通り、預貯金を政府が封鎖して、出せなくしてしまう処置です。

個人の預金を「封鎖」するなんて、「だまし討ち」のようなことを、本当に国がするのかと思う人もいるでしょう。けれどこれは、戦後に本当に起きたことです。

太平洋戦争が終わって約半年後の1946年2月17日、政府は「金融緊急措置令」および「日本銀行券預入令」を公布・実施しました。

具体的には、5円以上のお札を強制的に金融機関に預けさせ、口座を封鎖する。引き出すときは「新円」で出すという「新円切り替え」を行ったのです。

これが、「預金封鎖」の実態です。

「旧札」を「新札」に切り替えるだけなら、今でも時々行われています。2024年には、20年ぶりにお札を「新札」に切り替えると発表したばかりです。1万円札の顔が福沢諭吉から渋沢栄一になり、5000円札の顔が樋口一葉から津田梅子に、1000円札の顔が野口英世から北里柴三郎に変わるのですが、これを聞いて「大変だ」と思った人は、ほとんどいなかったでしょう。

なぜなら、新札が出ても、旧札も引き続き使えるとみんな知っているからです。銀行に誰かが預けた福沢諭吉が、銀行から出て行くときに渋沢栄一になっているという方式なので、そうやって徐々にみんなが新札を使い始めるようにしてあります。

「旧円」で東京中央郵便局内が埋めつくされた

ところが、終戦直後の「新円」への切り替えはまったく性質が違います。

◆「旧円」は紙クズになる

1946年の「新円切り替え」は、金融機関に預けたお金を出せなくする「預金封鎖」と、一緒に行われました。

仕組みは、こうです。

最初から「預金封鎖」をすると言ったら、みんな一斉に銀行や郵便局に預けてあるお金を引き出して家に隠してしまいます。ですから、まず「旧円」を「新円」に切り替えることを公表します。同時に「新円」が出ると「旧円」は使えなくなり、紙クズ同然になってしまうと付け加えます。

さらに、「旧円」は使えなくなるけれど、銀行や郵便局に「旧円」を預けておけば、それを「新円」で引き出すことができるとアナウンスします。

自分のお金が紙クズになってしまったら困りますから、みんな持っている「旧円」を銀行や郵便局に預けます。こうして金融機関の口座に国中のお金を集め、これを「封鎖」したのです。

「預金封鎖」が「金融緊急措置令」および「日本銀行券預入令」として発表されたのは1946年2月16日の夕方でした。銀行や郵便局が閉まった後を見はからって発表

旧円の回収状況

(単位　百万円,%)

	金額	比率
銀行	25,102	50.3
金庫	240	0.5
郵便局	14,009	28.0
農業会	9,421	18.9
市街地信組	1,070	2.1
信託金庫	112	0.2
合計	49,954	100.0

出典）経済企画庁『戦後経済史　財政金融編』71頁

したので、その翌日にはあわてた預金者が朝から銀行や郵便局に駆けつけました。

しかし、すでに預金は封鎖され、お金を自由に引き出すことはできませんでした。

ただし、飢え死にする人が出るといけないので、1日10円まで（のちに5円まで）か、1世帯で月に500円（世帯主は300円、家族は1人100円）までは引き出せました。当時の国家公務員の初任給（大卒・一種行政職）が450円の時代ですから、今の新卒の初任給月20万円にあてはめてみると、今の価値で1日5000円程度、月にすると20万円くらいしかお金を引き出せなくなったということです。

給料も500円までは従業員に直接支払われましたが、残りはすべて銀行や郵便局に振り込まれました。

「新円切り替え」で「旧円」は3月3日から使えなくなると決められました。「旧円」を「新円」に換えてもらうために、それまで金融機関にお金を預けていなかった人もあわてて「旧円」を預貯金しました。「新円」は、銀行や郵便局の窓口でしか引き出すことができないからです。

◆「新円切り替え」で実質的に資産は目減り

もしかしたら、当時の人々はこう思ったかもしれません。「預貯金を封鎖して『新円切り替え』を行っても、『旧円』が『新円』に替わるだけで、財産は減らない。その間は不便だけれど、お金を没収されるわけではない」と。ところが、この「預金封鎖」で、ほとんどの人の財産が実質的に没収されました。

1946年に課された財産税の税率

課税価格	税率
10万円超 ～ 11万円以下	25%
11万円超 ～ 12万円以下	30%
12万円超 ～ 13万円以下	35%
13万円超 ～ 15万円以下	40%
15万円超 ～ 17万円以下	45%
17万円超 ～ 20万円以下	50%
20万円超 ～ 30万円以下	55%
30万円超 ～ 50万円以下	60%
50万円超 ～ 100万円以下	65%
100万円超 ～ 150万円以下	70%
150万円超 ～ 300万円以下	75%
300万円超 ～ 500万円以下	80%
500万円超 ～ 1500万円以下	85%
1500万円超	90%

「実質的」というのは、当時は急激なインフレで物価が上昇していたため、「預金封鎖」されている間にお金の価値が目減りしてしまったということです。

そしてもう一つ、「預金封鎖」には「財産税」という財産にかかる税金がセットになっていました。

「財産税」とは、持っている財産の額に応じてかかる税金でした。表のように、10万円を超える財産に対して、最低25%から最高90%の税金がかけられたのです。

現在、所得税の最高税率は45％、相続税、贈与税の最高税率が55％ですから、いかに過酷な税金だったかがわかります。

「財産税」は、預貯金から不動産まで個人資産に広く適用されたので、資産を持っている人は大打撃を受けました。

「財産税」は周到に用意された税金でした。1946年11月3日に日本国憲法が公布されると、政府は、11月12日に「財産税法」を公布しました。

それまでに政府は、新円切り替えと預金封鎖で郵便局や銀行にみんなのお金を集め、誰が、どれくらいのお金を持っているのかを把握していたので、簡単に課税することができました。

◆政府の思惑と裏腹にインフレが発生

「財産税」は、財産が10万円以上の人が対象でした。46年当時の国家公務員の給料が450円ほどだったことから現在の価格に引き直すと、今の価格で5000万円弱です。

「財産」ですから、預貯金だけではありません。土地や株式ほか、財産の合計が現在の価格で5000万円以上になったら、財産税が課税されたということです。

お金持ちはこの財産税でごっそり税金を取られました。一方、慎ましやかな暮らしをしていた庶民は、「財産税」で財産の一部を没収されるということはありませんでしたが、前述のように預金封鎖のあいだに貨幣の価値が目減りしてしまい、財産を一部没収されたのと同じことになりました。

日本政府が「預金封鎖」を行う大義名分は、「戦争で物資が枯渇する中でインフレが発生しやすくなっているので、流通する貨幣の量を減らしインフレを防ぐ」というものでした。市場に出回る貨幣が少なくなると、モノの価値よりも貨幣の価値のほうが高くなるので、インフレを抑えられると考えられていたからです。

ところが、政府が目論む「インフレ抑制政策」は、真逆の事態を引き起こします。「旧円」が使えなくなるということで、「新円」に換えるために銀行や郵便局にお金を預けた人もいましたが、まだ「旧円」が使えるうちに、お金をモノに変えてしまおうとする人がたくさんいたのです。こぞって物資を買ったので、モノの価値が上がって、なんとインフレが野火のように広がってしまったのです。

◆国民を裏切って財政を再建

「預金封鎖」は、物価の安定がお題目でしたが、実際には、国民の金を巻き上げて、破綻した国家財政を立て直すのが裏の目的でした。

国民は、まさか国が庶民の金を踏み倒すなんて考えてもいなかったので、これが戦争に負けるということだと実感したことでしょう。

1946年当時のGDP（国民総生産）は約8000億円と言われていたのですが、政府には「戦時補償債務」が1500億円もありました。戦争のために国債を乱発していたからです。
ところが、「預金封鎖」と「新円切り換え」で、約500億円が金融機関に集まり、これに「財産税」を課したことで、政府の財政は一気に改善しました。
日本銀行券の発行高も急激に減り、2月18日には618億円だった日本銀行券発行高は、152億円と約4分の1に激減したのです。

こうした中で、急激なインフレが起きました。

1946年の国家公務員の給料は450円（大卒・一種行政職）でしたが、5年後の1951年10月には6500円（大卒・六級職）と、なんと5年で約15倍になっています。

凄まじいインフレの結果、庶民生活はさらに大打撃を受けましたが、「財産税」で国民から金を巻き上げたことに加え、急激なインフレで実質的に政府の借金も目減りした結果、日本は財政的に立ち直りました。

戦争中は、郵便局や銀行に一生懸命に預貯金をするだけでなく、国策に協力して戦時国債や南満州鉄道の株を買っている人もたくさんいましたが、これらは戦後に紙クズになってしまいます。国は助かりましたが、庶民が受けた経済的な打撃は計り知れませんでした。

◆戦後も「集金マシーン」として復活

日本人の凄いところは、どんなに大変なことがあっても、「喉元過ぎれば熱さを忘れる」こと。そして、不利益を「仕方なかったな」と割り切り、次のステージに進めてしまうところではないかと思います。

戦争が終わり、新しい憲法が発布され、国に「預金封鎖」で預貯金を踏み倒されたけれど、それもこれも戦争に負けたから仕方ないと諦め、それでも日本にもやっと平和がやってきたということで、ホッとして、前向きに生きようと考えた人は多かったようです。

そこで、またまた「郵便局」は、大活躍することになります。

戦争で壊滅的な打撃を受けた日本を復興するために、郵便局で集めたお金が使われることになったのです。

国は、住宅金融公庫（現・住宅金融支援機構）や日本輸出入銀行（現・国際協力銀行）、復興金融開発公庫および日本開発銀行（統合して現・日本政策投資銀行）などを設立し、戦後復興のための事業に力を入れました。その一環として、郵便局に目を付けます。

結果、またまた政府は「貯蓄運動」に力を入れ、「郵便局」や「銀行」に庶民のお金を預貯金させました。「郵便局」や「銀行」などの金融機関が集めた預貯金を企業に貸し出し、企業がそれで設備投資や人の雇い入れを行う。そして、給料をもらった人がまた預貯金するという、復興のサイクルをつくり出し、景気を浮揚しようとしたのです。

そのための出発点となったのが、「貯蓄の奨励」でした。

「預金封鎖」で預貯金を踏み倒された大人たちの中には、政府の「貯蓄奨励」に懐疑的な人も多かったのですが、子どもには、そんなことはわかりません。国も、将来を担う子どもたちに対しては、特に熱心に貯蓄教育を行いました。

例えば、「こども郵便局」。

「郵便局」と学校が協力し、１９４８年にスタートしました。これは、最寄りの「郵便局」の指導のもとに、学校で、子どもたちが実際に週１日など、授業に差し支えない時間を選んで「郵便局」の貯金の受付で通帳を郵便局員に渡して貯金を行うというものでした。

なお、「郵政民営化」にともなって、「こども郵便局」が廃止されたのは、２００７年のことでした。

◆時代の変化で窮地に追いやられる「特定郵便局長」

戦後の復興で大きな役割を果たした「郵便局」ですが、実は、戦争が終わってからは、かつてない大きな危機に直面していました。

戦時中の1943年に「特定郵便局長会」が設立されました。もともと「郵便局」は、設立時に、土地や社屋を提供したフランチャイジーである「郵便取扱役」が多かったのですが、国策で、この「郵便取扱役」が「特定郵便局長会」を組織化していました。

ところが、この「特定郵便局長会」は、戦争が終わったとたん、戦争に協力したということで戦犯的な扱いを受けました。

戦争が終わって新しい憲法である日本国憲法ができると、労働権が認められ、労働組合の運動が活発化しました。

そして、1946年に、「郵便局」で働く人たちの労働組合「全逓信従業員組合」ができ、この組合が「特定郵便局」を非難しました。「特定郵便局長」は公務員なのに世襲で、しかも、国から給料をもらうだけでなく、国に家賃を払わせるのはおかしいというのがその主張です。

確かに、「特定郵便局長」は、身分は公務員です。けれど、もともと地元の名士が、自分の土地や家を提供して経営するフランチャイジーのようなものです。ですから、多くが世襲になっていて、地代や家賃をもらうことも、戦前ではおかしなことだとは誰も思いませんでした。

ところが、時代が変わり、労働組合の言い分のほうがもっともだと働く人たちが思うようになると、前述した「預金封鎖」への人々の怒りもあいまって、「特定郵便局長」は搾取の限りを尽くす悪代官のように槍玉に上げられたのです。

さらに、戦後日本を占領したＧＨＱも、戦時下で軍費を集め、戦争協力もしてきた

戦争協力団体として「特定郵便局」を糾弾します。結果、１９５０年には、「特定郵便局長会」に解散命令が出されました。

サンフランシスコ講和条約発効で日本が独立を回復した１９５３年に、再び「全国特定郵便局長会」として結成されたものの、これがまた非難の対象となり、「特定郵便局」の局長たちは、肩身の狭い思いをする日々を過ごしていました。

◆田中角栄が「郵便局」を救う？

全国の「特定郵便局」の局長が、あちらこちらで突き上げを食らい、戦々恐々とした毎日を送る中で、まるで救世主のように、「郵便局」の強い味方として現れたのが田中角栄でした。

田中角栄は、１９１８年（大正7年）生まれの政治家で、28歳だった１９４７年に、日本国憲法ができて初めての選挙で当選し、１９５７年7月、39歳で、第一次岸改造

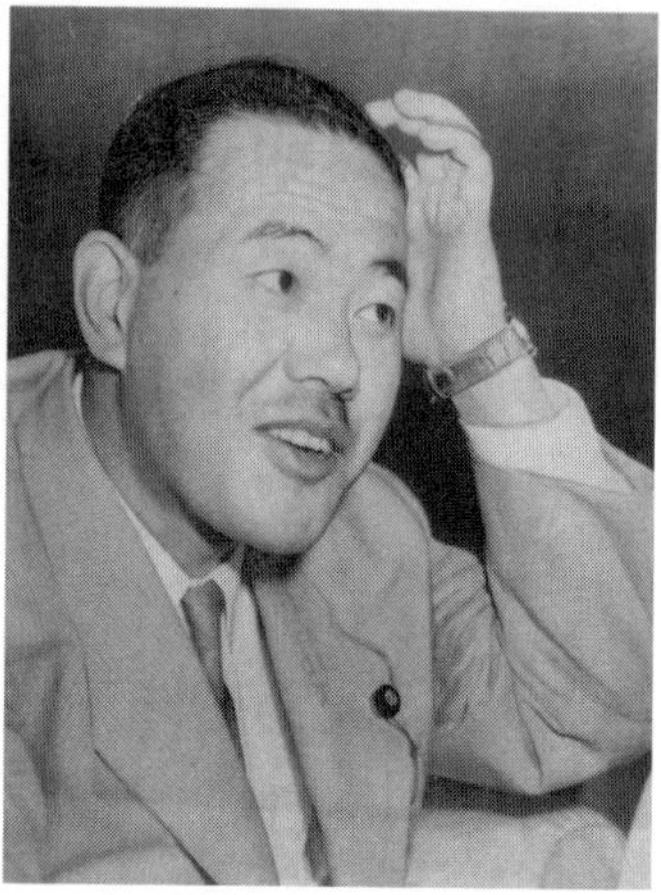

1957年、郵政大臣になった田中角栄

内閣の郵政大臣になりました。

田中角栄は、時代の申し子ともいえます。日本の高度成長期のシンボル的存在です。議員に初出馬時には「三国峠をダイナマイトでふっとばせば、越後には雪は降らない。そして、その土を日本海に運べば、越後と佐渡とは陸続きになる」とダミ声で演説し、聴衆の度肝を抜きました。

このダミ声の政治家の出現で、後述するように、それまで肩身が狭かった全国の「特定郵便局長」たちは、再び希望を取り戻し、国のため、「角さん」のために、奔走することになります。

田中角栄は1957年に郵政大臣になると、郵便局の拡充に邁進します。同年には「全国特定郵便局長会」の答申内容にほぼ沿って「特定郵便局制度調査会」を設置。「特定郵便局」のテコ入れを閣議決定しました。

しかも、郵便局を「解散」するどころか増強する、「特定郵便局2万局構想」をぶち上げたのです。

この田中角栄の鶴の一声で、1955年には1万5566局だった郵便局は、1970年には2万6643局と、なんと約5000局近くも増えたのです。

それまで、社会党や労働組合、GHQにもいじめられていた「特定郵便局長」たちが、田中角栄の登場に拍手喝采したのは言うまでもありません。

戦争犯罪者呼ばわりで白い目で見られていたのに、いきなり国策金融機関ということで「がんばれ」と言われたのです。肩身が狭かった「特定郵便局長」たちが「角さんには、足を向けて寝られない」と言うのはもっともなことでしょう。

実は、この裏には、田中角栄にしか考えられない深謀遠慮がありました。

◆田中角栄に尽くす「特定郵便局長」

田中角栄は、「郵便局」を国策の桧舞台に立たせることで、2つの大きな果実を手に入れました。

1つは、戦前に郵便局が担っていた「集金マシーン」としての機能。そして、もう1つは、全国津々浦々にある郵便局のメリットを活かした選挙での「集票マシーン」としての機能です。

「金」と「票」の2つは、田中角栄の大いなる強みになり、田中派の力の源泉ともなりました。そして、田中角栄と利害が一致した全国の「特定郵便局長」が、諸手を挙げて田中角栄に協力したことは言うまでもありません。

政治に翻弄され続けた全国の「特定郵便局長」たちは、戦後の不遇な境遇の中で、政治力の大切さを痛感していました。そこに、自分たちを守ってくれる守護神が現れたのです。その守護神のもと、手足となって懸命に働き、田中角栄という政治家を応援することこそが、「特定郵便局」という組織を守る術なのだと、強く心に刻んだことでしょう。

もちろん、特定郵便局長は公務員なので、政治活動は禁じられています。

ただ、それは表向きの話。地域密着の組織である郵便局が、草の根で自民党員を増やし、夫人会やOB会など選挙運動ができる会を組織して、手弁当で応援にかけつけ、大恩人の田中角栄を助けたことは言うまでもありません。

第3章 「郵便局」を変えた田中角栄VS.小泉純一郎

◆「巨大郵便帝国」を築いた田中角栄

戦前の「郵便局」は、「国策」に寄り添い、「国策」に左右されながら大きくなってきたことは、前章までで書いたとおりです。

では、戦後の「郵便局」は、どうだったのでしょうか。

2人の政治家の関与で、運命を大きく左右されています。そのうちの一人は田中角栄です。彼は、「巨大郵便帝国」を築きました。そして、その「巨大郵便帝国」を破壊したのが、もう一人の政治家、小泉純一郎でした。

田中角栄といえば、「金権政治」と言われるほど、金と権力をうまく結びつけた政治家でしたが、その田中角栄の力の源の一つが、「郵便局」でした。

80ページで紹介したように、「特定郵便局」を手中に収めて選挙のための「集票マシーン」を作り上げただけでなく、「郵便貯金」「簡易保険」という巨額な「集金マシーン」を使って、「財政投融資」という資金プールをつくり、これを使って土建国家を築いていったのです。

戦後の焼け跡の中から立ち上がり、日本が高度成長に進む出発点となったのは、1955年と言われています。

1955年には、鉱工業生産が戦前の水準を超え、機械、電気、化学など、様々な分野で投資意欲が盛んになりました。

田中角栄という希代の政治家が辣腕を振るう時期と、驚異的な高度成長が始まった時期が重なり、経済成長率は、今では考えられない年10%を超える伸びになりました。おかげで日本は戦争での痛手を払拭し、金回りが良くなり、設備投資が増え、給料も増え、貯蓄意識も高まりました。

1955年の国家公務員の初任給は8700円でしたが、1965年には約2万円と、たった10年の間に2倍になっています。さらに5年後の1970年には約3万5000円、1975年には約8万円と、驚異的なスピードで給料も伸びていきました。

田中角栄が郵政大臣になった1957年から、ロッキード事件で逮捕された1976年までの20年間で、給料は約9倍になっています。

その後の20年、1976年から1995年までを見ると約8万5000円だった給料が約18万円と、2倍ちょっとしか伸びていませんから、いかに田中角栄時代の高度成長が凄まじいものだったかがわかります。

◆「財政投融資」が角栄の金脈

田中角栄が行った最大の政策は、日本列島に交通網をはじめとして様々なインフラを整備し、経済を活性化させるというものでした。

高度成長のスタートとともに、農村部から多くの人が都市部に移ってくる人口移動が起きました。これに伴い、交通インフラや住宅の整備などが必要となりました。

そのために、国民から集められた「郵便貯金」「簡易保険」や「年金」の多くは、

田中角栄時代の財政投融資

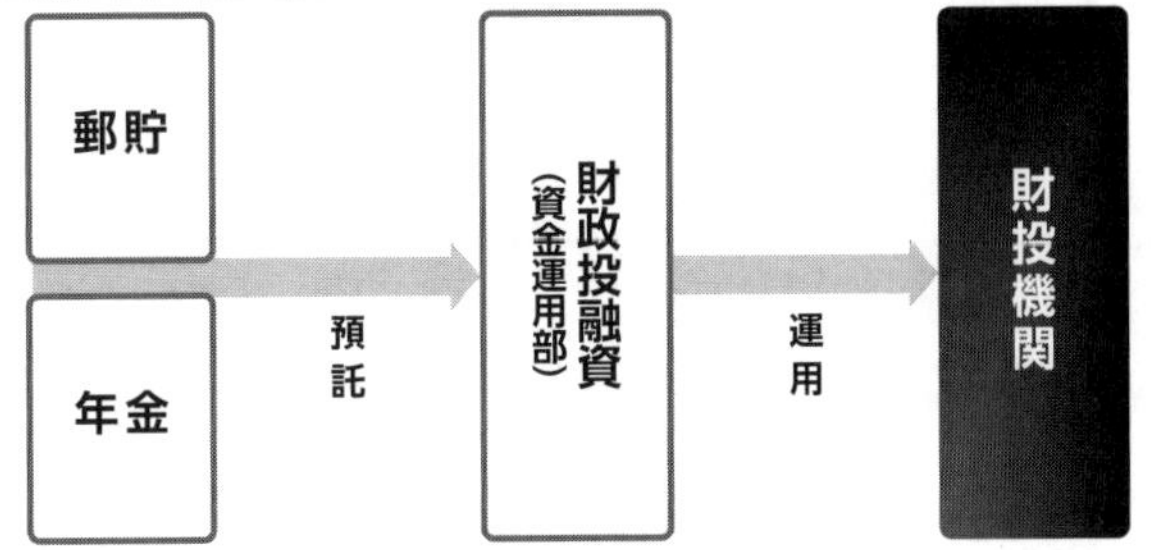

大蔵省の中にあった資金運用部に預託されて「財政投融資」となり、そこから政府系金融機関や特殊法人の財源として道路や住宅建設など、さまざまなところに使われていきました。

「財政投融資」は、明治時代に「郵便局」が貯金を集め出した頃からありましたが、その後、田中角栄が大量に郵便局を作ったことで、額が膨れ上がります。その規模の大きさから「第二の国家予算」と呼ばれていました。

田中角栄は、こうしたお金を束ねる「財政投融資」を爆発的に拡大させ、大蔵省資金運用部に流し込み、それを公共投資に振り向けるという巨大なお金の流れをつくったのです。

田中政治は、土建政治と揶揄されましたが、まさにその真骨頂とも言われるのが、1972年に発表された「日本列島改造論」でしょう。

これは、高速道路や新幹線などの高速交通網で日本列島のすみずみを結び、地方を工業化していくことで日本全体を飛躍的に発展させるビジョンでした。

これについては、賛否がありました。「財政投融資」が投入され、列島改造ブームが起き、土地が高騰、インフレーションが発生。ただ、長い目でみれば、所得の伸びによって多くの人が「生活が良くなった」と実感したことは事実です。

田中角栄のモットーは、「政治は数であり、数は力、力は金だ」という、完全に数の論理です。それを側面からで支えたのが、「郵便局」であり、ゼネコンなどの土建組織でした。

◆「金権政治」の功罪

田中角栄は、「コンピューター付きブルドーザー」といわれ、大胆な政策を次々と打ち出していきました。

ただ、その政治手法には、功罪があります。

田中角栄の「錬金術」で巨大化した「財政投融資」は、敗戦で焼け野原となった日本を、驚異的なスピードで復興させました。その一方で、官民の癒着や公的機関の運営の不透明さ、どんぶり勘定、官僚の天下りなどの問題を生みました。

田中角栄が首相に上り詰めた戦後、郵便貯金の残高の上昇は驚くほどです。1942年（昭和17年）時点の預金残高は100億円程度でした。**その後、田中角栄が1947年に衆議院議員選挙で初当選した翌々年の1949年には1000億円を突破、1960年に1兆円、1972年には10兆円と12年で10倍に。田中角栄の逮捕後ではありますが、1979年には50兆円と、まさに凄まじい勢いで伸びています。**

国の戦後の貯蓄教育が功を奏し、高度成長で収入が増えて豊かになったことで、多くの人がせっせと貯金をしたからでしょう。その中には、田中角栄のために、全国の「特定郵便局長」が、駆け回って頭を下げて集めたお金もかなりあったはずです。

１９７６年のロッキード事件での田中角栄逮捕後も、郵便局の貯金残高は増え続け、１９９０年に１００兆円、１９９５年に２００兆円、１９９９年には約２６０兆円となりました。

この預金残高は、ＩＴバブル崩壊と金融危機などの影響でその後は縮小に転じ、２０１８年では１８０兆円（ゆうちょ銀行）となっています。けれど、それでも日本で一番の預金残高がある金融機関には違いありません。

ちなみに、ゆうちょ銀行に次ぐ預金高の２位は三菱ＵＦＪ銀行で約１５０兆円ですから、「郵便局」がいかに巨大金融機関として君臨しているかがわかります。

◆カネを生むニワトリだった「郵便局」

田中角栄が逮捕された後も10年ほどは、バブルの勢いに乗って、土建政治が続きます。そして、角栄が育てた郵便局数は、ピークの2000年には2万4774局となりました。

田中角栄が郵政大臣になる前の1955年には1万5566局ですので、45年間で約9000局も増えたことになります。

田中角栄という守護神を失った後も、「郵便局」が、選挙の「集票マシーン」であり、財政投融資の「集金マシーン」であり続けたことは言うまでもありません。**集めたお金は「財政投融資」に民間よりも高い利率で貸していたので、確実に利息を稼ぎ続け、省庁の中にあって「郵便局」だけが、唯一、税金を使うのではなく巨額の金を稼ぐ組織となっていました。**

後日、「郵政民営化」を唱えた小泉純一郎が、「郵便局を民営化すれば、税金を使う側から払う側になる」と力説しましたが、これは間違いです。

郵便局は、税金を一銭も使っていないだけでなく、その儲けを「国庫納付金」として国に収め続けていました。ですから、「郵政民営化」までは、国にとっては税金を使わずに稼いでくれる、唯一の省庁だったのです。

ただ、1996年に橋本龍太郎が首相になると、「郵便局」の前途に、暗雲が垂れこめ始めました。橋本内閣は、財投改革を打ち出し、「郵便局」から「財政投融資」へという資金の流れを断ち切ったからです。

◆橋本改革と郵政族の巻き返し

1997年（平成9年）、当時首相だった橋本龍太郎を会長とする政府の行政改革会議が、それまでにあった1府21省庁を、1府12省にするという行政改革の最終報告を公表しました。この行革で、郵政事業は総務省の外局の郵政事業庁が担い、5年後には郵政公社に移行することが決まりました。

その目的は、既存の省庁を減らすことによって、行政の無駄を省き、スリム化するというもの。「郵政事業」もその一つで、「簡易保険」をただちに民営化し、「郵便貯金」は条件整備をしっかりして早期に民営化する。国営事業として残すのは「郵便事業」のみという方針が示されました。

これには、全国の「郵便局長」が、びっくり仰天し、大反対しました。貯金と保険の両事業が民営化されてしまったら、収益源が激減してしまう。それどころか、「郵便局」は削減され、自分たちもリストラの危機にさらされることになります。そんなことは絶対にさせないとばかりに、普段から親密な付き合いをしていた「郵政族」の野中広務幹事長代理をはじめ多くの政治家に働きかけ、民営化を阻止してくれるように頼みました。

結果、橋本改革で郵政族は「郵政省」という名は失いましたが、「民営化阻止」という実を取ったのです。

その後、政治が二転三転し、小泉純一郎が登場してきます。

◆「郵政民営化」小泉が首相になるという想定外

いったんは頓挫するかに見えた「郵政民営化」の話が、再び浮上してきたのは、「民営化」を一貫して唱え続けた小泉純一郎が、2001年4月に総理大臣となってからです。

小泉純一郎は、「郵政民営化」を掲げ、「郵便局」を政府の外に出すことを公約に掲げました。

彼は、首相になると、田中角栄が列島改造で手に入れてきた利権に、ことごとくメスを入れました。特殊法人については原則として廃止か民営化を掲げ、道路公団民営化や独立行政法人の再編・民営化などを進めたのです。

その彼が目玉政策として掲げたのが「郵政民営化」でした。田中角栄のお金と権力の源泉となっていた「郵便局」を「民間企業にする」と宣言したのです。

2005年の衆議院「郵政選挙」で、小泉自民党は300議席を超える大勝をはたした

こうして、「郵便局」は、再び政治の嵐の中に投げ込まれることになりました。

◆自民党を劇的に延命させた小泉

「私が、小泉が、自民党を、ぶっ壊す！」「私の政策を批判するものは、すべて抵抗勢力だ‼」

小泉純一郎は誰にでもわかるキャッチフレーズで、複雑な政治状況を簡潔な言葉で言い切ります。反対派を「抵抗勢力」、自分のことについては「抵抗勢力にいじめられながらも、庶民のために頑張る首相」という単純な構図につくりなおしました。
その手法は「小泉劇場」とよばれ、行く手を阻む政治家をたくみに悪人にします。例えば、亀井静香をはじめとする「郵政民営化」の反対論者を、「抵抗勢力」と言い切ります。以前、亀井さん本人にお会いしたときに「小泉はヒーロー顔だけど、俺は顔が良くないから悪役にされちゃった」とぼやいていました。

この、小泉が「悪人」のレッテル貼りをした政治家を背後から支える、時代劇でいう「越後屋」の役回りにさせられたのが、「特定郵便局長」でした。

「郵便局」は、良くも悪くも、長いあいだにわたって政治家の「集票マシーン」であり、国の「集金マシーン」としての機能を果たしてきました。自民党は、「郵便局」という巨大組織と持ちつ持たれつで、「金」と「票」でつながってきたわけです。

特に、その4分の3を占める「特定郵便局」の力は大きく、自民党は、1955年の結党以来、浮動票が多い都市部よりも、確実に票田になる地方に多くの支持基盤を作るために、「特定郵便局」を重要視して選挙戦略を練ってきました。**田中角栄が政界を去ってからも、「特定郵便局」と自民党は、互いに協力してウィンウィンの関係を築いていたのです。**

しかし「小泉劇場」では、その自民党の政治家たちが「悪代官」であり「抵抗勢力」です。「特定郵便局長」は、「悪代官」を「金」と「票」で支えている「越後屋」と位置づけられたのです。

「越後屋、おぬしも悪よのう」と言われ、ニヤニヤしながらも悪代官に袖の下をそっと渡す。「特定郵便局長」たちは、「小泉劇場」では、そんな役周りにされてしまったのです。

では、小泉純一郎が、それまでの自民党の支持基盤だった「郵便局」をあっさりと捨てられたのはなぜか。

背景には、自民党が票田としてきた、地方での議員定数が削減されつつあったこと、小選挙区制が導入されていたことがありました。

◆「無党派層」に訴えかける政策の始まり

2005年9月に行われたいわゆる「郵政選挙」で、小泉自民党は圧勝しました。

今までの自民党の支持基盤だけに頼っていてはジリ貧になると判断した小泉純一郎は、選挙の主戦場を地方から都市部に移すことにします。無党派層を取り込むことに奔走するのです。

小泉純一郎は、小選挙区制で選挙区割りが細かく分かれる中では、集団よりも一対一の戦いになることをよく知っていました。一対一なら、知名度のあるほうが勝ちやすい。マスメディア次第で情勢が大きく変わる時代を迎えたことに気づき、そのマスメディアを上手に操ったのが、小泉純一郎でした。

「抵抗勢力」というレッテルを貼って敵対勢力を悪人にし、自分が推薦する候補者には話題性のある人物を選び「刺客」とする。そうした「小泉劇場」を全面展開しての勝利でした。

「特定郵便局」をはじめ、従来の自民党の支持基盤だった組織・団体を敵に回すことで、改革の小泉純一郎というイメージが見事につくられました。

そして、「郵政民営化」に異を唱え、「抵抗勢力」のレッテルが貼られた綿貫民輔、亀井静香ら自民党の重鎮は、自民党を離れて国民新党を結成しますが、国民の支持は広がりませんでした。

「郵政民営化」に異を唱える議員が次々と選挙で討ち死にしていく中で、弱り目に祟り目となったのは、「特定郵便局」です。「抵抗勢力」を助けたとして白い目で見られるようになり、郵便局員たちは、この先自分たちはどうなっていくのかと、不安の中に突き落とされました。

◆「日本郵政公社」の発足

前述の「日本郵政公社」が発足したのは小泉政権下の2003年のことです。橋本政権では、「日本郵政公社」は、民営化されないこととなっていました。ところが、小泉純一郎はその方針を覆し、完全民営化へのステップの1つとします。

この「日本郵政公社」の初代総裁となったのが、国際ビジネスの最前線を生き抜いてきた、元商船三井会長の生田正治でした。ただ、一刻も早く「郵便局」を民営化を実現し、自らの理念を達成したい小泉純一郎にとって、民営化までには周到な準備が必要だと提言する生田は慎重すぎました。

2005年、「郵政選挙」で大勝した小泉は、「日本郵政」の初代社長にスピード感があり腕力もある、三井住友銀行頭取で全国銀行協会の会長も務めた西川善文氏を抜擢。「日本郵政公社」の2代目総裁にも任用しました。そして、準備期間を経て2007年10月1日に「日本郵政グループ」が発足。西川が総帥となりました。

西川善文は、民間で鍛えた剛腕で、「かんぽの宿」の早期一括売却など思い切った方策をとったのですが、実はこれでつまずき、後に日本郵政グループを追われることになります。

2007年10月1日、「日本郵政グループ」発足

◆「最後のバンカー」を任用した小泉純一郎

西川善文は、「住友銀行の天皇」と言われた磯田一郎に仕えました。住友銀行の闇の部分を一身に背負い、汚れ仕事も厭わず、反社会勢力とも対等に渡り合う度胸を備え、満身創痍の住友銀行を立て直した人物です。

どんなときにもひるむことなく戦う姿から、「最後のバンカー」とも言われましたが、一方では強引なやり方に批判も多く、最終的には２００５年度の3月期決算で赤字になった経営責任を取って、三井住友銀行頭取の職を辞しました。

私も何度かお会いしましたが、笑顔でも目が笑っていない、常に緊張感を漂わせた方です。

その西川善文をスカウトしたのが、「郵政選挙」（第44回衆議院議員総選挙）で大勝した小泉純一郎でした。

恐らく、「日本郵政グループ」という巨大戦艦を率いられるのは、西川しかいないと踏んだのでしょう。西川もその意を汲み、一緒に戦ってきた三井住友銀行の部下たちとともに日本郵政公社に乗り込み、民間で鍛えたノルマ主義を展開しました。

その時、西川善文の側近として「日本郵政」にやって来て執行役員および専務執行役を務めたのが、今回の「かんぽ生命不正販売」の震源地である「日本郵便」の横山邦男社長です（２０２０年1月5日付で辞任）。

実は、私が親しかった住友銀行の幹部の一人も、西川善文に「日本郵政に来ないか」と誘われたそうです。けれど「西川さんは尊敬しているが、ただ、またあの人の下で働いたら、本当にボロボロになって身も心も持たないから、断った」と言っていました。

それくらい、仕事には厳しい方でした。

◆郵便局にやって来た〝黒船〟

西川善文の「日本郵政公社」総裁就任は、「郵便局」にとっては、まさに〝黒船〟の襲来でした。

それまでの「郵便局」には、公務員であることや、職場が地方に多いことで、のんびりとした雰囲気がありました。

けれど、そんな「のんびりムード」の「郵便局」に、民間で鍛えられ、仕事に厳しい、コスト意識の高い経営陣が乗り込んできたのです。ただでさえ、「郵政民営化」で公務員という身分がなくなることに戦々恐々としていたところに、まるで江戸末期に浦賀にアメリカのペリー提督が黒船を率いてやってきたように、文化の違う民間から剛腕な経営者が来たのですから、「郵便局」は、上を下への大騒動になりました。

江戸時代、ペリー提督が来た当時、「泰平の眠りを覚ます上喜撰　たった四杯で夜も眠れず」という風刺狂歌が流行りました。

上喜撰とは、宇治の高級緑茶で、ペリー提督の蒸気船にかけたもの。泰平というのは、天下泰平といわれるように揉め事もなく安定している状況。この句は、「4杯もお茶を飲んだので眠れなくなった」という意味と「ペリー提督が、4隻の蒸気船を引き連れてやってきて、江戸時代で平穏にまどろんでいた眠りを覚まされて夜も眠れなくなった」という情勢を重ね、社会の変化をおもしろおかしく表現したものです。

実際、ペリー提督ならぬ西川社長が率いる「日本郵政」の下に、郵便会社、郵便事業会社、ゆうちょ銀行、かんぽ生命という「4隻の船」ができ、のんびりしていた郵便局員は、いきなり現れた外人部隊の下で働くことになったのですから、この歌の心境だったことでしょう。

しかも、郵便局員は当時まだ公務員でしたから、働くのは基本的には午前9時から午後5時。ところが、同じ配達業務でも、クロネコヤマトや佐川急便では、夜間配達が当たり前。これを、郵便局員もやらなくてはいけなくなるのですから、まさに「夜も眠れず」です。

◆民営化で忙殺される「郵便局」

民間から来た経営陣は、当然、民間で叩き上げられた人たちばかりですから、「民間並みにバリバリ働け」と尻を叩き、コスト削減を要求してきます。**これは、公務員としてお役所仕事をしていた郵便局員にとっては、黒船の到来によって引き起こされた青天の霹靂だったことでしょう。**

最も影響を受けたのが、郵便物の配達部門でした。

民間企業では、不採算部門は合理化するのが当たり前。そして、郵便局での不採算部門は、配達業務です。ですから、最も不採算な郵便物の配達部門の要員数が削られました。そのために人手が減り、昼間の配達だけでは間に合わなくなって、夜間でも懐中電灯を片手に配達に回らなくてはならなくなりました。

特に、本人のサインや認印が必要な配達物は、何度も配達に行かなくてはならなくなり、夜間に行っても会えないということも増えました。

そのため、労働時間も長くなり、郵便物の誤配や遅配が増え、内容証明郵便の認証ミスなども増えました。1年で最も忙しい年賀状配達の時期は、局員だけでは手が回らないのでバイトなども頼みますが、不慣れがゆえの誤配や遅配が発生し、最悪なケースでは、手を抜くために郵便物を捨ててしまう事件も起きています。

◆民営化前の郵便局では懲戒処分者が年間3000人

実は、この頃の郵便局では、驚くべき数の犯罪が起きています。

郵政民営化の前年の2006年に、日本郵政公社で懲戒処分を受けた職員は、なんと2859名にものぼりました。内訳は、免職137名、停職86名、減給1391名、戒告1245名です。

処分内容は、保険料の横領、貯金預入金の横領、郵便料金の横領、資金詐取、公金詐取、小包配達委託料の横領、代金引換郵便物の引換金横領、切手類窃取など、多岐にわたっています。

しかも、こうした処分を受けている人の多くが、主任、総務主任、課長代理、上席課長代理、局長代理、特定郵便局長など、「郵便局」の中では管理職と言われる人たちでした。

1年間に2859名も懲戒処分されたというのは驚きですが、関係者の話によると、「実際にはもっと多くの処罰者が出ていたはずだ」というのです。

なぜなら、懲戒免職される前に、事件の発覚を恐れて郵便局を辞めてしまっている

人が多いからだそうです。

民営化前の郵便局員の身分は、公務員。公務員は、懲戒免職されると、退職金が一切支給されなくなるばかりか、再就職も難しくなるので、懲戒免職になる前に自主退職しているケースが多いとのことでした。

◆「日本郵政公社」は不正の温床だった

「郵政民営化」前の「日本郵政公社」が、いかに荒んだ状況にあったのか、その他のデータからもうかがえます。

現金の過不足事故がなんと年間27万件も発生していて、相談系コールセンターへの苦情は、2005年の11万件が、2006年には1・5倍の約19万件に急増しています。

しかも、民営化直前の2007年9月には、貯蓄事務センターに保存してあるべき書類の大量の誤廃棄も発覚しています。

誤廃棄されたのは、「郵便為替払込書」約844万9000件、「キャッシュサービ

懲戒処分者数ワースト5（府省等別・2006年）

府省名等	処分数	免職	停職	減給	戒告	構成比(%)	対前年増減
日本郵政公社	2,859	137	86	1,391	1,245	**77.5**	**586**
法務省	203	9	14	77	103	**5.5**	**60**
社会保険庁	192	2	9	92	89	**5.2**	**▲834**
厚生労働省	148	5	2	56	85	**4.0**	**▲51**
国土交通省	52	9	4	21	18	**1.4**	**5**

ス利用廃止届書」約1万8000件、「自動振替利用申込書」約368万2000件、「通帳等再交付・全払請求書等」約70万7000件、「定額小為替再交付請求書」約157万5000件。

これらには、客の住所、氏名、振込額、加入者名、口座記号番号など個人情報が載っていました。

上の表は、2006年に人事院が公表した、府省等別の懲戒処分者です。

当時は、政治家の年金未納問題などが世間を騒がせていて、社会保険庁の個人情報漏えい問題をはじめとする多くの不祥事が発覚。社会保険庁職員による保険料の横領、着服などの不正が次々と明るみに出て、逮捕者も続出していました。

ですから、世の中の目は厚生労働省と社会保険庁の不祥事に向いていましたが、**実際の懲戒処分者の数を見ると、厚生労働省や社会保険庁よりも、日本郵政公社内のほうが圧倒的に多かったことがわかります。**

◆総務省による業績評価は最低ランク

総務省が公表した「日本郵政公社の平成19年度の業績評価」のうちコンプライアンス関連を見ると、「日本郵政公社」は全体的評価がCで、貯金業務関係に限ると第1期はC、第2期はD、保険は第1期がD、第2期がCでした。

この評価は、A・「十分に達成されている」、B・「概ね達成されている」、C・「下回っている」、D・「大幅に下回っている」、E・「全く達成されていない」の5段階であり、CやDというのは、金融機関にはありえない評価です。

なぜ、これほどまでに低い評価になったのでしょうか。貯金については、内部犯罪や預入限度額の超過、現金過不足事故などが多発していたからです。さらに約1年で

１８１件、約６億円の電子計算機使用詐欺事件が起きていました。加えて、全国の貯金事務センターで、約１４４３万件に及ぶ顧客情報誤廃棄も発覚していたからです。

特に、簡易保険については、不適正募集などの部内者犯罪が多発していただけでなく、システム障害で10万件を超える契約に影響を与えるという事故も起きていました。

こうした状況の中で、不満を募らせた客が解約をしたり、保険料を払わずに契約失効させたりすることが相次ぎ、２００６年度には、失効と解約の合計がなんと１７５万件にものぼりました。

「郵便局」が民営化してからは、コンプライアンスが徹底され、こうした犯罪は減ったように見えます。

次ページの表は、民営化後の２０１０年に、当時の衆議院議員だった柿澤未途氏が鳩山首相に質問した日本郵政グループ内の犯罪状況について、答弁した内容を表にしたものです。

グループ内の犯罪状況

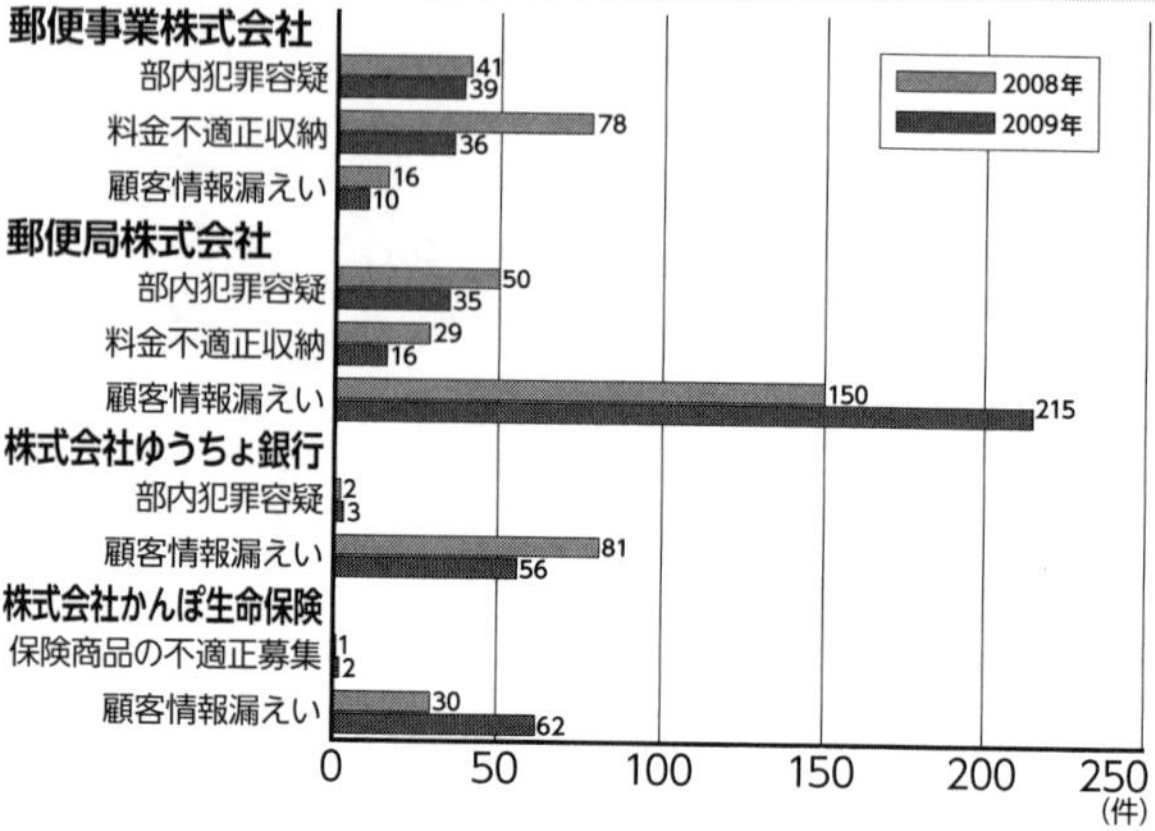

これを見ると、確かに内部犯罪は減っているように見えます。「かんぽ生命」に至っては、不適正募集は２００８年に１件、２００９年に２件となっています。

ところが「かんぽ生命」の保険金支払い状況について、民営化後の２００７年10月から12年10月までの5年間の状況を金融庁が調べたところ、支払うべき保険金約10万件、金額にして１００億円が不払いになっていたことがわかりました。

これは、日本郵政グループが自ら調査・報告したものではなく、金融庁が２０１２

年2月から4月までの間に実施した独自の検査で発覚したものです。つまり、不都合な数字を隠していたということです。

金融庁は、こうした状況に対して、「報告も対策も不充分」として、同年9月に保険業法に基づいて民営化後5年間の支払い漏れについて早急に検証して報告するよう命令しましたが、対応が不十分として11月になっても報告命令を解除しなかったという経緯があります。

実は、保険の未払いは、民営化前の「日本郵政公社」時代にも起きていて、**2003年から07年にかけて簡易保険契約の保険金未払いが約27万件、総額では352億円に上ることがのちに明らかになり、大きな批判を浴びました。**

こうした事件が民営化後も多発していたということは、新しく設置したコンプライアンス機能が有効に作用していなかったということでしょう。

◆発覚した不正を明らかにしない体質

そもそも、「郵便局」というのは、「郵政民営化」の大嵐が来るまでは、郵便局員が顔見知りの家を訪ねて、貯金を集金したり保険の保険料を徴収したりしていました。

ですから、集金したお金をちょっと拝借し、「あとで返しておけばいいや」などという軽い気持ちで自分の支払いに回して、給料をもらったら戻しておくなどというケースもあったようです。

それは、金融関係に携わる者としてやってはいけないことですが、**そもそも田舎の少人数の「郵便局」の中には、自分たちが金融機関で働いているという自覚もない人がいました。**

そこに、「郵政民営化」で、いきなり「コンプライアンス」などと言われても、徹底は難しかったでしょう。

◆「郵政Gメン」の廃止で自浄機能が低下

「日本郵政公社」時代までは、郵便組織には、「郵政監察制度」に基づいて犯罪に目を光らせる郵政監察官がいました。

俗にいう「郵政Gメン」で、「郵便局」内での犯罪を取り締まる独自の「警察」といってもいいでしょう。約700名いて、郵便貯金や簡易保険などで不正がないかチェックし、ハガキや切手などの金券類の偽造や変造、郵便為替を用いた詐欺などがないかを監視していました。

「郵政Gメン」は強い権限を持っていて、捜査で犯罪が発覚すると、逮捕状まで請求できました。

ところが、「郵政民営化」で「日本郵政公社」が株式会社になった時に、郵政監察制度は廃止されました。公的機関から民間会社になったことで、「郵政Gメン」が持っていた逮捕状請求までができる強い権限が使えなくなったからです。

その代わり、「日本郵政」の中にコンプライアンスを扱う監査部門が新設され、本社に監査部（84名）、全国50カ所に監査室（892名）を設置しています。

要員数だけを比べると、「郵政Gメン」が700名で、監査部門が約1000人ですから、一見すると体制が強化されたように見えますが、新しくできた監査部門は、単なるコンプライアンスのチェック部門なので、「郵政Gメン」のような犯罪を摘発する司法検察権は持たされていませんでした。

「郵政Gメン」は、不審な人について、局長であろうと局長代理であろうと、調査して犯罪を摘発しました。ですから、民営化前の郵便局では、特定郵便局の局長や局長代理でも、資金窃盗や公金搾取などの罪で懲戒処分が下されていました。

ところが、新しくできた組織には、こうした権限がないだけでなく、むしろ組織として犯罪者を庇いたいとする面が見え隠れします。

例えば、2019年10月、日本郵便の郵便局幹部2人が、処分すべき切手5億4000万円分を着服し、懲戒解雇されました。しかし、これを公表せず、しかも横領で警察に告訴することもしなかったため、高市早苗総務相が激怒したという事件がありました。

こうしたことは、実は、つい最近まで、続いていたということです。

第4章　アメリカの意向だった郵政民営化

◆小泉純一郎が「郵政選挙」で訴えかけたこと

ここでもう一度、小泉純一郎の「郵政民営化」の原点に戻ってみましょう。
小泉純一郎が「郵政民営化」に関して、衆議院を解散してまで訴えたかったことは、どんなことだったのでしょうか。

主なポイントは、4つあります。

①みんなから集められた郵便貯金と簡易保険の350兆円が、「第二の国家予算」となっているのはおかしい。民営化すれば、これを民間で活用できる。

②民営化することによって、従来よりも商品やサービスの質を向上させ、民間の知恵と工夫で新しい事業が始められる。

③郵便、郵貯、簡保は、公務員が必ずしもしなくてはならない仕事ではない。公務員の約３割を占める、郵政公社で働く40万人の公務員が民間人になれば、「小さな政府」への一歩となる。

④法人税も法人事業税も固定資産税も支払っていない「郵便局」が民営化されたら、税金を払うようになる。また、政府が保有する株を売れば国庫が潤い、財政再建に役立つ。

どれも、もっともらしいことばかりです。

けれど、本当に、この４つの事柄の実現は、「郵便局」を民営化しなくては成し遂げられなかったのでしょうか。「小泉純一郎の郵政民営化」を検証してみましょう。

①の「みんなから集められた郵便貯金と簡易保険の３５０兆円が、『第二の国家予算』となっているのはおかしい。民営化すれば、これを民間で活用できる」について

検証してみましょう。

当時、郵便貯金と簡易保険は、合わせて350兆円にもなっていました。このお金は、大蔵省（現・財務省）の資金運用部に全額預託されていました。このお金が「財政投融資」として、特殊法人などに貸し出されていたのですが、その使い方があまりにお粗末でした。必要のないハコモノをつくったり、ムダな天下り先を増やしたりなどということがたびたび起きていました。

そこで、こうした金の使い方をやめるため、1997年の第2次橋本内閣の行財政改革の一環として、郵便貯金や簡易保険で集めたお金を、大蔵省系経由で特殊法人などに貸し出すのはやめて、自分たちで運用しようという方針が決まり、2001年に「財政投融資」は廃止されました。

ですから、この主張の前半「第二の国家予算にはしない」については、郵政民営化をしなくても、すでに実現できていたのです。後半の「民営化されれば、民間で活用できる」という考えについては、一定の評価ができるでしょう。

ただ、これについては、この章で詳しく書きますが、アメリカがずっと要求していたことであり、民営化反対派からは「日本をアメリカに売るのか」と批判を浴び、「郵政民営化」が暗礁に乗り上げていく原因ともなっています。

②「民営化することによって、従来よりも商品やサービスの質を向上させ、民間の知恵と工夫で新しい事業が始められる」は、どうでしょうか。

郵便局は、国の機関です。民間のように自由に事業やサービスを展開すると、国の力を持って民間企業の儲けを剥奪する「民業圧迫」ということで、非難されます。ですから、貯金にしても預かる金額には上限があるし、民間の企業のような融資業務も、基本的にはできません。簡易保険についても、民業圧迫をしないために、保障の上限が民間に比べると小さいなど、様々な縛りがあります。

「郵貯や簡保が、民営化で民間企業になれば、こうした縛りがなくなるので、民間と互角に勝負できるだけでなく、様々に創意工夫して、利便性が増す」という主張は、「ゆうちょ銀行」と「かんぽ生命」の株が、当初の予定のように100%売却されていたら、実現されたかもしれません。

ところが、全株の売却は頑強な抵抗にあいます。「特定郵便局長」や郵政官僚、郵政族政治家などの反対で二転三転するうちに、最終的には「ゆうちょ銀行」も「かんぽ生命」も、完全民営化は難しい状況になってしまいました。

反対派が言うことも、一理あります。「ゆうちょ銀行」と「かんぽ生命」を完全民営化してしまったら、たとえ1~2兆円ほどの基金があっても、将来的に赤字の「郵便局」は立ち行かなくなるのではないか。そう危惧するのも、もっともでした。

実は、「郵便局」というのは、官の中にありながらも、すでに「年賀状」「かもめーる（暑中見舞い）」など、民間にはないサービスを編み出していて、民間になったらさらに優良なアイデアが湧くかというと疑問です。一方で、サービス品質において、手紙やハガキを全国津々浦々まで一定の低料金で届けるというのは、官営だからできること。民間になれば、もっとサービスが良くなるという見込みはありません。

③「郵便、郵貯、簡保は、公務員が必ずしもしなくてはならない仕事ではない。公務員の約3割を占める、郵政公社で働く40万人の公務員が民間人になれば、『小さな政府』への一歩となる」は本当でしょうか。

確かに「郵貯」「簡保」は、必ずしも公務員がやらなくてはならない仕事ではありません。民営化してもいいでしょう。ただ、「郵便」は、民間ではコストがかかりすぎてできません。ですから、公務員が、ユニバーサルサービスとしてやっていかなくてはなりません。

あのアメリカでさえ、郵便事業は「アメリカ合衆国郵政公社」が行っています。

「公務員の約3割を占める、郵政公社で働く40万人の公務員が民間人になれば、小さな政府になる」というのは、数だけ見れば、公務員は減って政府は小さくなるでしょう。

ただ、多くの人は「郵政の40万人の公務員を減らす」と聞くと、国が支払う人件費などの出費が大きく減って、国の負担が軽くなるという印象を受けるかもしれません。けれど、実際には④で述べるように、40万人の給料は、「郵便局」が自前で稼いでいます。

ただし、「郵政民営化」の議論があった当時は、公務員の年金は、民間人の「厚生年金」よりもずっと高額な「共済年金」でした。ですから、その負担が減るということは確かでしたが、2015年に「厚生年金」と「共済年金」は一元化されたので、そのメリットはなくなりました。

また、小泉内閣は「小さな政府」を目指しましたが、そもそも「小さな政府」というのは、国民に対してあまりサービスをしない政府です。その究極の形が、病院にかかると多額の診療費がかかり、払えなければ自己責任という、アメリカ型の社会です。ただし、アメリカ合衆国は「小さな政府」で行政サービスも小さいので、消費税の税負担はありません（州単位では徴収するところもありますが）。

④「法人税も法人事業税も固定資産税も支払っていない『郵便局』が民営化されたら、税金を払うようになる。また、政府が保有する株を売れば、国庫が潤い、財政再建に役立つ」も正しいとは言えません。

確かに、日本郵政公社は、儲かっていても、国の機関ですから法人税は払いません。けれど、国の機関は儲かったお金の一定額を、国庫納付金として国に納めなくてはならないことになっています。

日本郵政公社の2003年度から4年間に稼いだ純利益を見ると、6兆4154億円。このうち9626億円が、国庫納付金として納められています。

ところが、会計検査院の報告によると、民営化で民間企業となった2007年度からの4年間で納められている法人税は、それよりも少ない8732億円。

なぜ民営化したことで、増えるはずの国の収入が約1000億円も減ってしまったのかといえば、株式会社になると、今まで支払わなくてもよかった株主への配当金などを支払わなくてはならなくなったり、「ゆうちょ銀行」や「かんぽ生命」は、イザというときに備えて民間で積み立てている機構に保険料を支払わなくてはならなかったりと、様々な出費が出てくるからです。

結果、実際に民営化してみたら、小泉純一郎の説明とは逆のことが起きたということです。

さらに、赤字の郵便事業を残したまま、稼ぎ頭の「ゆうちょ銀行」「かんぽ生命」

だけ売ってしまうというのは、あまりに無謀ではないでしょうか。

◆全国一律サービスを放棄していいか

小泉純一郎は「郵政民営化が実現すれば、俺は殺されてもいい」というほど熱心でしたが、ただ、実態を見ると、本当に民営化することが最善の策だったのかと首を傾げたくなることも少なくありません。

また、選挙で「郵政民営化」を掲げ、「民営化で、郵便局は、税金を使う側から払う側になる」と盛んにアピールしましたが、実際には、前述のように、「郵便局」は国営であっても、自前で稼いでいました。

これについては、当時の竹中平蔵郵政民営化担当大臣も国会で認めていて、「郵便局に直接投資されている税金は、ないと承知している」と答えています。

そもそも、「日本郵政公社」は、人件費などを差し引いた儲けの5割を国に納めて

いました。一方、民営化して民間企業になると、民間の法人実効税率は当時最高でも4割でしたから、民営化したほうが国に納めるお金が少ないことは明らかだったはずです。

「郵政民営化」の要となるのは、全国一律のサービスを提供する「ユニバーサルサービス」をどう維持するのかというところ。

これが根底にないと、民営化そのものが成り立たないのですが、小泉純一郎自身の中には、「ユニバーサルサービス」についての見識も抜けていたように思います。

2001年6月に開かれた、「郵政三事業の在り方について考える懇談会」の議事録を見ると、総理挨拶で、「私自身、郵便局をなくせと言ったことはない。郵便局を民間に任せると、もっといろいろな利点がある（から民営化するんだ）」と言っています。

「郵便局」を民間に任せるということは、国が全国一律のユニバーサルサービスを行うことを放棄するということです。それで本当に、大丈夫なのでしょうか。

◆アメリカの意向で進められた「郵政民営化」

小泉純一郎が、「郵政民営化」を強硬に進めた背景には、アメリカの意向があったと言われています。

なぜ、こう言われているのかといえば、アメリカ通商代表部（USTR）が、1994年から毎年日本に送ってくる「日米規制改革及び競争政策イニシアティブに基づく日本政府への米国政府の年次改革要望書」、俗にいう「年次改革要望書」の2004年版に、次のように書かれているからです。

「郵便保険と郵便貯金事業に、民間企業と同様の法律、規制、納税条件、責任準備金条件、基準、および規制監督を適用すること。特に郵便保険と郵便貯金事業の政府保有株式の完全売却が完了するまでの間、新規の郵便保険と郵便貯金商品に暗黙の政府保証があるかのような認識を国民に生じないように、十分な方策を取る」

年次改革要望書に沿って進められたと推測される日本の構造改革

1996年	保険業法改正で、保険の自由化が進められ、外資が参入した。
1997年	独禁法が改正され、持ち株会社が解禁された。
1999年	労働者派遣法が改正され、人材派遣が自由化されて非正規雇用が増加した。
2000年	大店法廃止で大型店が郊外に進出し、既存の商店街のシャッター化がすすんだ。
2003年	郵政事業庁が廃止され、日本郵政公社が誕生した。
2004年	司法制度改革で法科大学院がこの年に開校。司法試験合格者が急増し、アメリカ型の訴訟社会に近づいた。
2005年	郵政民営化法が成立。これにより郵政民営化が行われ、簡易保険も民営化された。
2009年	独禁法の強化改正で、企業カルテル解明が容易になり積極的に刑事告発できるようになった。

つまり、アメリカの銀行や保険会社が日本に進出したくとも、政府がバックについている貯金や保険があるとフェアな戦いができないので、早く民営化しろと言っているのです。さらに「郵政民営化」で民営化した貯金や、保険の政府保証が外れれば、このお金で、米国資本の銀行や保険、証券会社が儲けるチャンスも得られるという思惑も、見え隠れしています。

小泉純一郎とブッシュ大統領は仲が良く、ブッシュ元大統領の回顧録には、お揃いのサングラスをかけてエルビス・プレスリー邸を訪れた写真まで掲載されています。

実際には「ブッシュ大統領には逆らえない」という関係だったようで、2004年9月22日の日米首脳会談では、ブッシュ大統領から郵政民営化の進展について聞かれ、「大きな反対はあるがしっかりやっていきたい」と答えています。これに対してブッシュ大統領は、小泉の強いリーダーシップに敬意を表したいと言った記録が、外務省のホームページに載っています。

ちなみに、アメリカからの「年次改革要望書」の影響で、日本で行われた「改革」と呼ばれるものには、表のようなものがあります。

◆「年次改革要望書」を巡る竹中平蔵の嘘

アメリカからの「年次改革要望書」については、2004年10月19日の衆議院予算委員会で、小泉俊明議員の「(年次改革要望書を)ご存知ですね」という質問に対して、竹中平蔵郵政民営化担当大臣は、「存じあげております」と答弁しています。

ところが、2005年8月2日に、参議院郵政民営化特別委員会で民主党(当時)

の櫻井充議員が、「年次改革要望書」を出して「郵便保険会社・ゆうちょ銀行の政府保有の株式完全売却という項目があり、米国政府は完全売却しろと言っていて、（略）それに従って法律が整備されていますがこれでは、国民のための改正なのかアメリカのための改正なのかわからないではないか」と質問しました。すると、なんと竹中大臣は、「外務省には申し訳ありませんが、私は、そういう報告書、見たこともありません」と答えたのです。

国会で、嘘の答弁が許されるのは、安倍内閣だけではなかったようです。

ただ、**竹中大臣としては、「郵政民営化がアメリカの要望だった」ということは、口が裂けても言いたくなかったのでしょう。**

この年次改革要望書のシステムは、２００８年に民主党の鳩山由紀夫内閣の時に廃止されましたが、２０１１年からは新たに「日米経済調和対話」というかたちで復活しています。

◆反郵政民営化議員が表舞台に帰還

2006年9月、小泉純一郎が退陣すると、安倍、福田、麻生とコロコロ政権が変わり、それと同時に、自民党政権も坂を転げ落ちるように退潮していきました。なんと、麻生政権末期には内閣支持率が10％台に落ち込み、民主党への政権交代を余儀なくされました。

こうした中で、「郵政民営化」のかたちも大きく変わりました。

2007年10月、日本郵政グループは、政府の下に持ち株会社の「日本郵政」、その下に「郵便局会社」「郵便事業会社」「ゆうちょ銀行」「かんぽ生命」の4社がぶら下がる5社体制で船出しました。そして、「ゆうちょ銀行」、「かんぽ生命」は2017年9月末までにすべての株を売却して、完全民営化されるはずでした。

ところが、この「民営化策」に待ったがかかりました。

小泉純一郎から政権を引き継いだ第一次安倍政権が、「郵政民営化」での「造反組」を次々と自民党に再び迎え入れました。さらに、麻生内閣では、自民党内で「麻生おろし」が表面化したことに慌てた麻生総理が、郵政民営化路線を見直すことで党内の反民営化議員を取り込もうとしました。けれど失敗し、2009年の衆議院選では、自民党は記録的な大敗を喫して政権を失いました。

2009年9月に民主党の鳩山内閣が誕生すると、鳩山由紀夫は「郵政民営化を見直すのは新しい政権の思いだ」として、抜本的な見直しに着手。金融・郵政改革担当大臣には、「郵政民営化」に反対し続けた国民新党の亀井静香が就任しました。

ここで、小泉時代に息を潜めていた郵政官僚や、「小泉劇場」では「越後屋」扱いされていた全国の「特定郵便局」の局長たちも息を吹き返し、2007年の発足時に5社体制だったものが、2012年の改正郵政民営化法では、「日本郵政」の下に

「日本郵便」「かんぽ生命」「ゆうちょ銀行」が入る4社体制になりました。「郵政民営化」の方向性が、180度変わったのです。

◆郵政民営化の方針が大きく変化

5社が4社になったことは、一見すると、単なる分け方の違いではないかと思えますが、ここには進路を180度変えるトラップが2つ埋め込まれています。

1つは、「2017年までに『ゆうちょ銀行』と『かんぽ生命』の株を完全売却する」という方針が、「全株売却を目指す」という努力目標になったこと。

そして、もう1つは、「ゆうちょ銀行」「かんぽ生命」の株を売却したお金を、「郵便局」を支える「社会・地域貢献資金」ではなく、東日本大震災の復興のための「復興財源」の原資としたことです。

小泉純一郎が進めてきた「郵政民営化」では、「ゆうちょ銀行」と「かんぽ生命」

郵政グループ経営体制をめぐる混乱

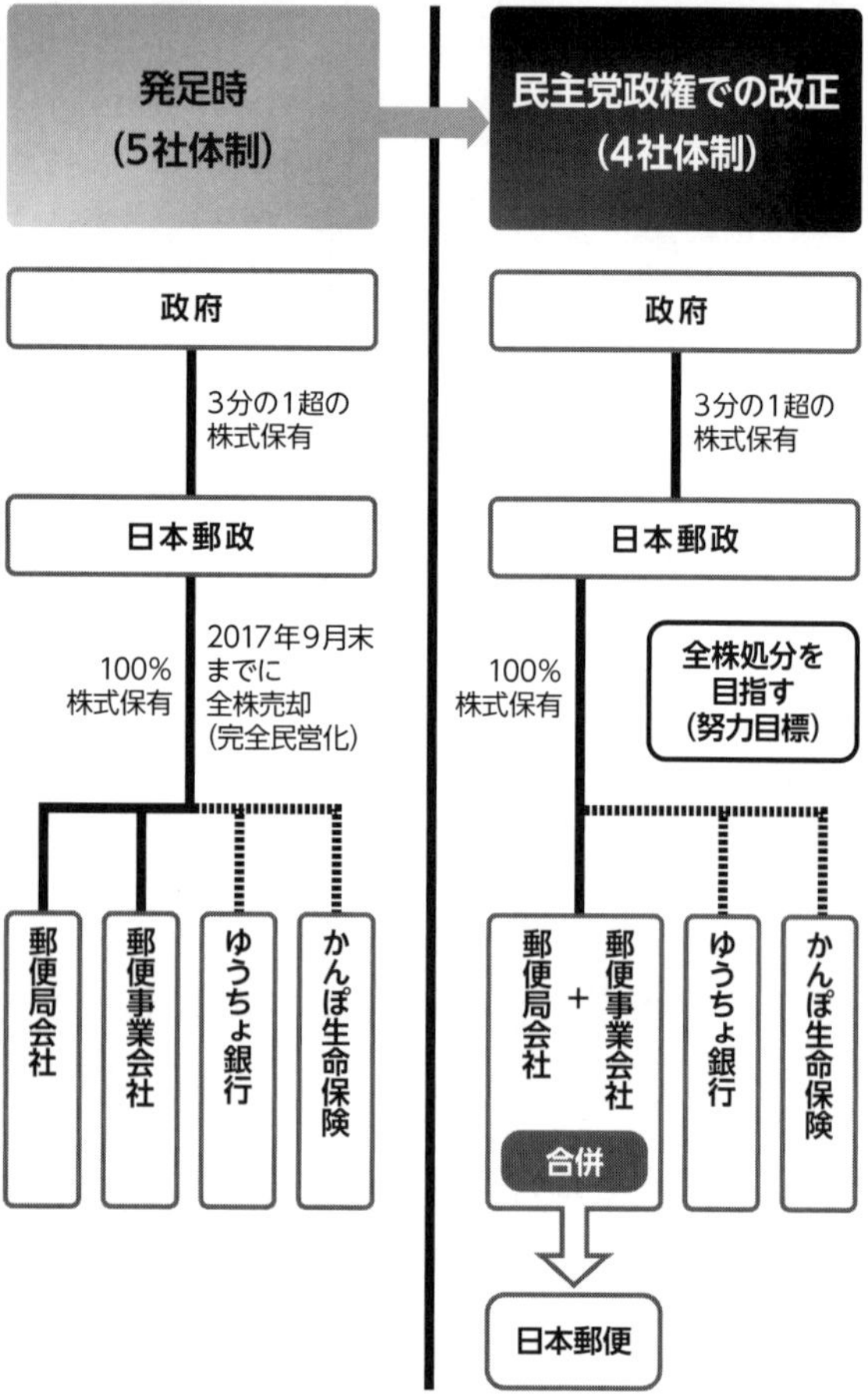

の株は、2017年9月末までにすべて売却されるはずでした。それは、アメリカからの要望でもありました。

ところが、第一次安倍内閣で郵政議員や郵政族の官僚が続々と政権に戻り、郵政民営化に大反対の力が増しました。この、いわゆる郵政族が民主党政権と結託し、それまであった「郵政民営化」の根幹を180度変えてしまったのです。

1つ目の「完全売却」が「努力目標」になったことで、「必ずやらなければならない」ということが、「できればやってね」ということになりました。つまり、できなければ、やらなくてもいいということです。

そうなると、仕切っているのが「郵政民営化」に反対の人たちですから、やらないに決まっています。

もう1つ、株の売却益の使い道を変更したことで「郵政民営化」のスキームが根本から変わります。小泉案では「ゆうちょ銀行」と「かんぽ生命」を売却したお金で「社会・地域貢献資金」をつくって、赤字が予想される郵便事業を支え、郵便局網を維持するというものでした。

ところが、それがなくなり、2社の株を持つ「日本郵政」の株を売却したお金を大震災の「復興財源」にすることになりました。そうなると「ゆうちょ銀行」と「かんぽ生命」はずっと赤字の「郵便局」を支えるしかありませんから、株の完全売却などなおさらできるはずないことにつながります。

つまり「ゆうちょ銀行」と「かんぽ生命」は、完全な民間会社にならず、「郵便局」については、どこまでも「ゆうちょ銀行」と「かんぽ生命」で支えていくという、民営化前とすっかり同じ形に戻ったのです。

◆ドンが次々と復活

「小泉劇場」は、ドラマとしては秀逸の面白さでしたが、それは、結果的にはワンクールのテレビドラマとなりました。

2005年の「郵政選挙」で、「抵抗勢力」のレッテルを貼られ、小泉チルドレン

「かんぽ生命不正販売」で謝罪する「日本郵便」「日本郵政」「かんぽ生命」の３社長。2019年９月30日

の佐藤ゆかりを送り込まれて死闘の末にかろうじて選挙を勝ち抜いた野田聖子が、第一次安倍内閣に迎え入れられ、その後、自民党の総務会長や総務大臣、衆議院予算委員長などの要職を歴任していることからもわかるように、一過性の「騒動」で終わったということです。

小泉純一郎に「抵抗勢力」のレッテルを貼られた元財務官僚の斎藤次郎も「日本郵政」の社長となり、「越後屋」のレッテルを貼られた「特定郵便局」の局長たちも、郵便行政の中枢に戻りました。

２０１６年、「全国特定郵便局長会」から名前を変えた「全国郵便局長会」の会長を務めた大澤誠が、日本郵政の専務執行役員になったというのは、まさに郵政族復活の象徴的な出来事でした。しかも、大澤は19年には、日本郵便の副社長に就任しました。

2019年に「かんぽ生命不正販売」問題が発覚した当時の日本郵便の社長は、住友銀行で西川善文の右腕と言われた横山邦夫でしたが、ナンバー2で現場を仕切っていたのは、かつての「特定郵便局」のドンの大澤誠でした。

「日本郵政グループ」のトップは「黒船」外人グループですが、ナンバー2は、大澤誠のような、実務畑を歩いてきた郵便局長たちが担うようになり、いつのまにか「黒船組」は、実権を持たないお飾りのようになってしまいました。

日本郵便の横山邦男社長（2020年1月辞任）が、「民営化以前から（事業ごとの）縦割り意識が強く、その風土が残った。民間と比べたら、こんなものがまだ残っているというのもある。制度的に改善する必要がある」などと言っていますが、**実務**

に携わってきた人たちにとっては、「あなたたちこそ、外から来たお客様でしょう」という意識があり、実際には、経営陣がお飾りになっていたという面は否定できないでしょう。

◆経営陣と現場のあまりの距離

「かんぽ生命不正販売」では、「お飾り」の経営陣と、現場を仕切る実務集団という二層構造がいっそう浮き彫りになりました。

謝罪会見で、日本郵政の長門正貢社長が、「情報が上がってこなかった」と発言し、それはあまりにも経営者として無責任ではないかと多くの人が感じたと思います。

ただ、「日本郵政グループ」を実質的に仕切っているのは、「現場」です。

しかも、この「現場」は、みんなで一緒に「郵政民営化」を乗り越えて来たという同志意識があって、密接な関係にあります。

それに対して、トップは「黒船」外人グループです。

かんぽ不正販売では、日本郵政グループに対する行政処分の検討状況を、総務省の鈴木茂樹事務次官が日本郵政の鈴木康雄上級副社長（当時、2020年1月辞任）に漏らしたということで大騒動になり、鈴木事務次官が停職3ヶ月になりました。

この鈴木事務次官は、鈴木康夫上級副社長とは、郵政省時代の先輩後輩であり、一緒に「郵政民営化」を乗り越えてきた間柄です。監督する側と監督される側がこんなズブズブな関係というのは、普通は考えられませんが、ここではありなのでしょう。

ちなみに、鈴木康雄上級副会長は、かんぽ生命不正販売問題を2018年にNHKが「クローズアップ現代＋《プラス》」で取材したことをめぐり翌年国会に呼ばれて合同ヒアリングを受け、「NHKは、まるで暴力団と一緒」と発言した人物です。

◆いまでも郵便局の局長は「一城のあるじ」

「小泉劇場」で、悪徳商人「越後屋」の役割をさせられた「特定郵便局」ですが、2007年に「日本郵政グループ」がスタートしたことで、「特定郵便局」という名称もなくなりました。

名称はなくなっても、「特定郵便局」は郵便局の4分の3を占めていたので、これを除外したら、郵便事業そのものが成り立たなくなるので、そのまま存続しています。

ですから、**「特定郵便局」という呼び名は廃止されても、局舎はそのまま。約1万5000人いた「特定郵便局長」も、実質的にはそのままで郵便局会社で事業を続けています。職員も郵便局会社に所属し、そのまま窓口で働いています。**

また、「特定郵便局長会」も「全国郵便局長会」と名前を変えて存続しています。

実は、今でも、「日本郵政グループ」では、常時「郵便局」を運営する事業主を募集しています。詳しくは、「日本郵政グループ」に聞いていただきたいですが、一般の人が「郵便局」を運営する条件は、

・「簡易郵便局施設・設備を自ら用意できる方」

・「純資産が、個人の場合300万円以上（連帯保証人1人）、法人の場合は500万円以上」
・「破産者でない」など。

これを見てもわかるように、そもそも自分の金を出せる人でないと、「郵便局長」にはなれないのです。

「特定郵便局」が批判された、もう1つの要因に、何に使ってもいい「渡切経費」というお金があったことが挙げられていました。

これは、「郵便局は国の事業なのに、領収書不要な金が多額に渡されているのはおかしい」と非難され、領収書不要の渡切経費については、廃止されました。

ちなみに、小泉「郵政民営化」では、この渡切経費は、不正なお金のように喧伝されていましたが、これは明治時代からあったものです。明治政府は貧乏だったので、郵便局長にあまり給料を払えませんでした。それで、渡切経費（当初は請負経費と言っていたようです）という経費をつくり、「これでなんとかうまくやってね」と渡していたのです。

つまり、お金がない明治政府が、郵便事業をやってくれるフランチャイジーに出していたリベートのようなものだったと考えるとわかりやすいでしょう。

これは闇のお金でもなんでもなく、ちゃんと会計法第23条（現在は削除されている）などに基づいたお金です。郵便局は、様々な業務をしているために会計が複雑なので、その手間を減らすためにこうしたお金が渡されていました。

大きな郵便局は、バイトを雇って何とか仕事をこなしていくということになるのでしょうが、田舎の、局長1人、郵便局員1人という郵便局では、とても業務が回らないというところも多くあるでしょう。

そういうところにとっては、手続きが必要ない「渡切経費」は、案外と便利だったのかもしれません。

都会に住んでいる人は、どうしても都会の感覚で物事を考えてしまいますが、地方には、違う状況のところも多くあることを忘れてはいけないでしょう。

第5章　郵便局を破綻させる5つの時限爆弾

◆「郵便局」を「破綻」させる5つの時限爆弾

小泉純一郎が進めた「郵政民営化」の路線は、民主党政権で180度転換し、その後、安倍政権で表面上は元に戻ったように見えますが、実は、ここには「郵便局」の破綻につながる5つの時限爆弾が埋め込まれています。

その5つとは、次のようなものです。

時限爆弾1・「日本郵政」株と「ゆうちょ銀行」株のデッドライン
時限爆弾2・「ユニバーサルサービス」が経営の首を絞める
時限爆弾3・だれも経営者になりたがらない
時限爆弾4・儲かる商品がつくれない。預かり金が運用できない
時限爆弾5・政治の介入が止められない

この5つの時限爆弾は、ただちに処理しなくてはなりません。時がたてばたつほど爆発力が大きくなります。

そこで、この5つの時限爆弾について、1つずつ見てみましょう。

【時限爆弾1】「日本郵政」株と「ゆうちょ銀行」株のデッドライン

新型コロナウイルスの影響で、「日本郵政グループ」の株価が下落しています。

実は、「日本郵政」株と「ゆうちょ銀行」株には、それぞれに超えてはいけないデッドラインがありますが、株価下落で、それをついに超えました。

まず、「日本郵政」株のデッドラインから見てみましょう。

◆「日本郵政」株の株価の下落で、大震災の「復興費用」が捻出できない

「郵政民営化」の迷走の末に、政府が持つ「日本郵政」株は、3分の2までを売って、東日本大震災の復興費用に充てるということになりました。

東日本大震災の復興には、25兆円ほど必要ですが、そのうちの4兆円は、「日本郵

「日本郵政」と「ゆうちょ銀行」の株価の推移

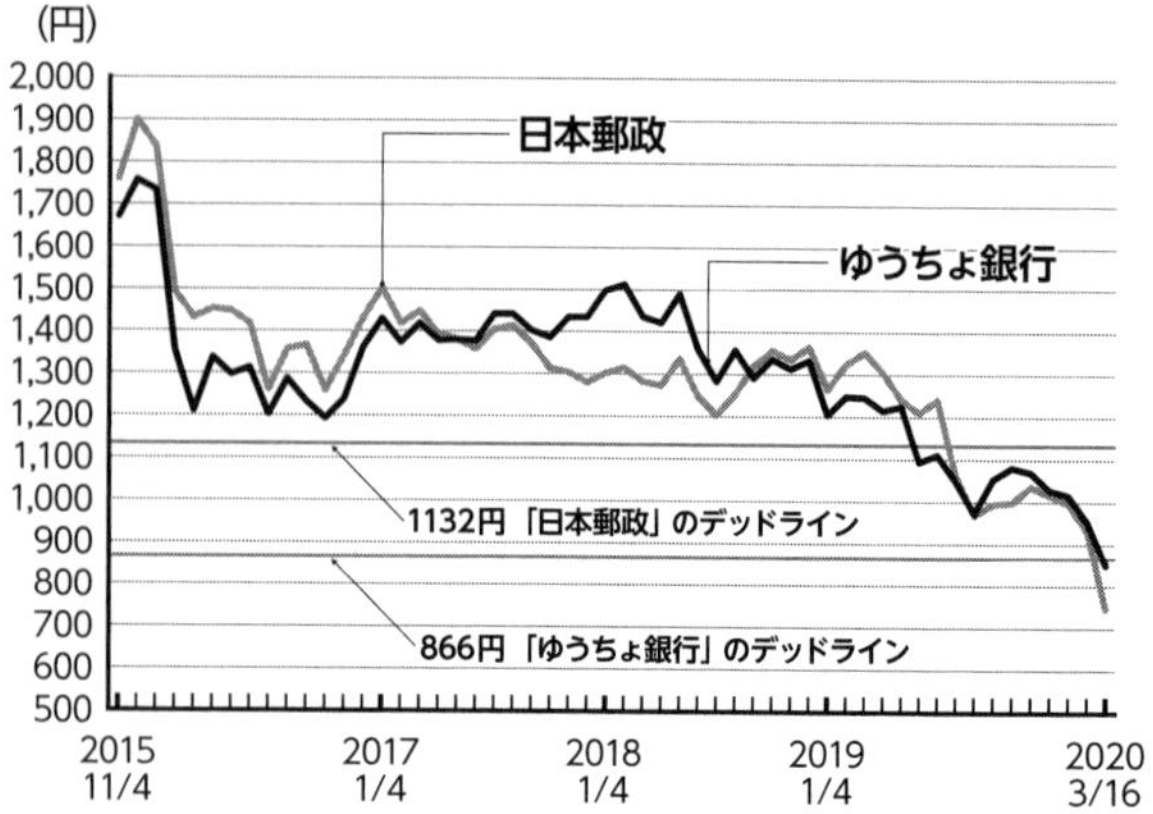

政」株を売ったお金でまかないます。すでに、過去2回の売却で合計2兆8000億円が確保されていますが、残り1兆2000億円が必要。

そのためには、日本郵政の株を1132円以上で売らなくてはなりません。ところが、株価は2020年3月16日には747円まで落ち込み、現在（4月上旬）も800円前後と、目も当てられない価格になっています。

つまり、新しいスキームで決まった「復興財源」を調達するためのデッドラインは1132円ですが、現状では、8割に満た

ない株価になっています。

「ゆうちょ銀行」「かんぽ生命」２社の株は、当初は２０１７年9月末までに「完全売却」され、その利益で赤字の郵便の「ユニバーサルサービス」を支えるはずでした。ユニバーサルサービスを支えるはずだった「社会・地域貢献基金」が廃止になっただけでなく、２社の株も売れる見込みがなくなり、さらには「日本郵政」の株を売却して東日本大震災の復興資金にするというシナリオも、株価が１１３２円を大きく下回ったことで完全に狂ってしまっています。

加えて深刻なのは、「ゆうちょ銀行」株がデッドラインを超え、巨額損失の可能性があり、「日本郵政」の存続そのものが危ぶまれ始めていることです。

◆「ゆうちょ銀行」株価下落で、「日本郵政」が3兆円を減損処理?!

「ゆうちょ銀行」の株は、プロよりも一般の人に人気で、16年の売り出し価格は１

「日本郵政グループ」の株価

	上場時点	2020年3月13日現在
日本郵政	1,631	760
かんぽ生命	2,929	1,265
ゆうちょ銀行	1,680	852

450円でしたが、期待感から一時1823円まで上昇しました。

人気の理由は配当で、「日本郵政」「ゆうちょ銀行」が3％台、「かんぽ生命」が2％台。「政府保証付きの銀行預金の100倍の利息の株」ともてはやされ、3社合わせて100万人以上の個人が買いました。

ところが、この「ゆうちょ銀行」の株が下落し、「日本郵政」が、巨額の減損処理をしなくてはならない可能性が出てきました。

現在の会計制度では、持ち株会社が持っている会社の株が著しく下がって簿価の半額以下になり回復の見込みが立たなければ、その会社の評価を下げなくてはならないことになっています。しかも、一度損が確定した株は、

二度と最初の価格には戻らない（減損の戻し入れ禁止）ルールがあります。

「日本郵政」は、「ゆうちょ銀行」の株の89%の33億3700万株を保有していて、総額は5兆7800億円。1株あたりの価値は1732円（簿価）。この株価の半分にあたる866円以下になると、「時価が取得価格に対して50%以上下落したら、合理的に説明できる反証がない限り減損処理しなくてはならない」に当てはまります。

そして、「ゆうちょ銀行」の株価は、2020年3月9日に、50%ルールにあたる下落の下限の866円をあっさり下回り、16日には850円をつけました。

2020年3月末の決算はギリギリで回避しましたが、新型コロナウイルスの影響が長引くと、総額5兆7800億円の「ゆうちょ銀行」の評価が半分の2兆8900億円となり、持株会社の「日本郵政」は、約3兆円という巨額の評価損を計上することになりかねません。

「日本郵政」は、2017年にも、オーストラリアの物流子会社トール社（後述）の業績不振で4003億円の減損損失を出し、民営化以降初めて400億円の赤字に転落したばかり。もし3兆円の評価損のダメージを受けたら、「日本郵政」はグループの要なだけに、グループ全体を沈める起爆剤となる可能性があります。

さらに、「日本郵政」が2700億円を出資する契約をしたアフラックの株価も下落していて、これも、さらなる株価下落要因になる可能性があります。

株価の下落は、約61万人いる個人株主にも、大きな影響を与えます。

すでに、株価の下落で多くの人が損失を被っていますが、これだけの損失が出ると、期待していた配当も出ない可能性が生じます。 多額の被害を受けた投資家の中には、「日本郵政」を相手取って株主代表訴訟を起こす人も出てくることでしょう。

【時限爆弾2】「ユニバーサルサービス」が経営の首を絞める

2012年に、「郵政民営化法」が改正され、それまで「日本郵便」の郵便事業だけが対象だった「ユニバーサルサービス」が、「ゆうちょ銀行」「かんぽ生命」にも義務付けられました。

結果、「ゆうちょ銀行」「かんぽ生命」の完全民営化への展望は失われ、「郵便局」と一緒に「ユニバーサルサービス」を支えていかなくてはならないことになりました。

「ユニバーサルサービス」とは、全国津々浦々、どこであろうと、誰であろうと、同じサービスが受けられる、民間にはできないサービス。「郵便局」は、どんな田舎でも、1日1往復しか船が出ない離島でも、63円のハガキや84円の手紙を、利益度外視で届けなくてはなりません。さらに郵便業務だけでなく、金融業務にも「ユニバーサルサービス」が義務付けられたことで、全国どこの「郵便局」でも保険や貯金ができるようになっています。

「郵便局」の経営には、お金がかかります。たとえば、局長と職員2人だけの過疎地の「郵便局」でも、年間2500万円くらいの維持費がかかるといわれ、こうした局が4つあれば、ほとんど利用されなくても年間1億円の維持費がかかります。

しかも、郵便事業だけでなく、貯金や保険の販売もしなくてはなりません。

本来なら、赤字だからこそ事業のスリム化が必要ですが、「郵便局」については、不思議なことに業務を肥大化させる方向に進んでいます。

2019年度の日本郵政グループの決算概要を見ると、経常収益は、「かんぽ生命」が7兆9166億円で62%、「ゆうちょ銀行」が1兆8454億円で14%。当期純利益は、「ゆうちょ銀行」が2661億円で56%、「かんぽ生命」が1204億円で25%。この2社で約8割を稼ぎ、グループは、完全に2社に依存しています。

この金融2社が、「郵便局」に支払っている窓口での金融商品などの販売手数料は、「ゆうちょ銀行」が約6000億円、「かんぽ生命」が約3600億円。この2社の合計約1兆円の手数料で、「郵便局」はなんとか成り立っているのです。

しかも、2019年からは、「ユニバーサルサービス」をより具体的に支えるための仕組みがスタートし、「ゆうちょ銀行」「かんぽ生命」に新たに縛りができました。

◆儲からなくても、「郵政管理・支援機構」にお金を拠出する

「郵便局」は、今まで「ゆうちょ銀行」や「かんぽ生命」の商品を売って手数料をもらう「会社対会社」の契約で「ユニバーサルサービス」を支えてきました。

これが2019年4月からは制度化され、「ゆうちょ銀行」と「かんぽ生命」は、一定額を強制的に「郵政管理・支援機構」に拠出して、このお金で「郵便局ネットワーク」を支援することになっています。

今までは、売ってもらった商品の手数料を払っていたのですが、拠出の制度ができ、商品が売れなくても2社は拠出金を出さなくてはなりません。

拠出金額は、2020年度で見ると、「ゆうちょ銀行」が年間2374億円、「かんぽ生命」が561億円。合わせて約3000億円。機構は、このお金を2社から受け取って、「郵便局」を運営する「日本郵便」に交付します。

日本郵便、ゆうちょ銀行及びかんぽ生命との関係

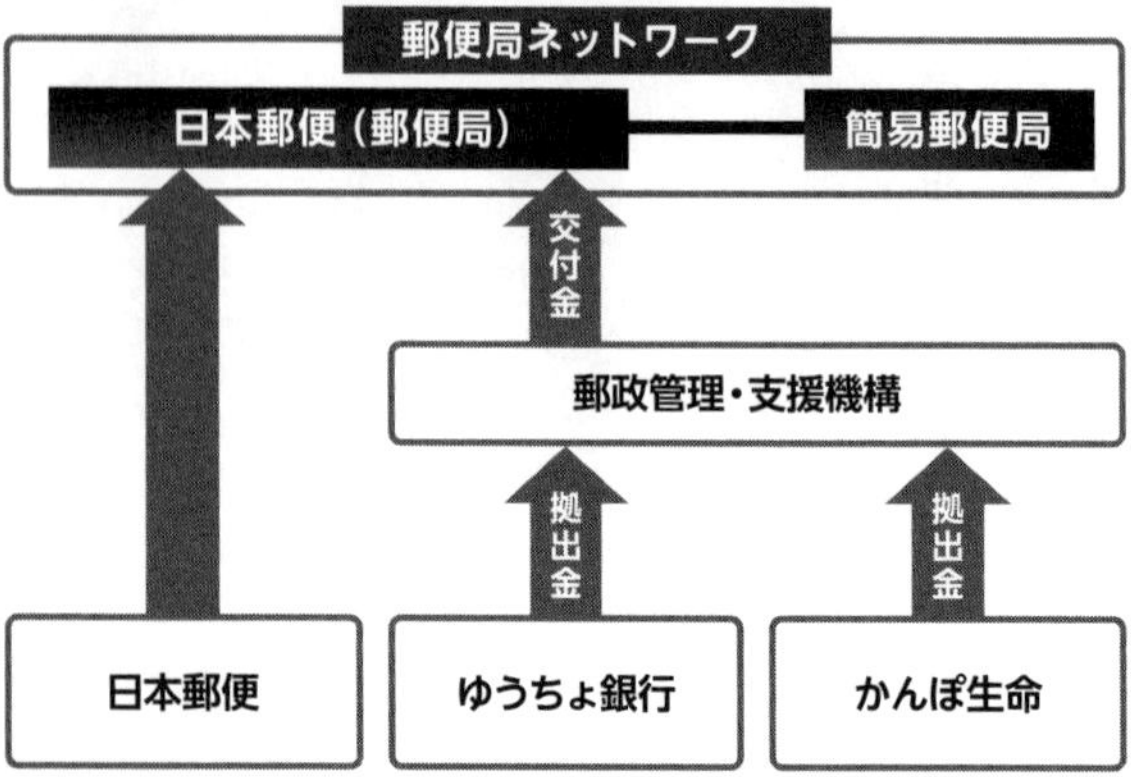

出典）総務省ほか

商品が売れなくてもお金を出さなくてはいけないというのは、「ゆうちょ銀行」「かんぽ生命」の2社にとっては、通常の民間企業にはないハンディとなるでしょう。

【時限爆弾3】だれも経営者になりたがらない

「日本郵政グループ」が抱える3つ目の時限爆弾は、優秀な経営者が来ないこと。

会社は大きくなればなるほど、優秀なトップを必要とし、トップが方向性や目標を示し、それに向かって組織が一丸となって進んでいくというのが必勝パターン。

ところが、今は優秀な経営者ほど、「日本郵政グループ」の舵取りをしたがらない。これは同グループが、民間の有能な経営者を使い捨てにしてきたからでしょう。

◆初代日本郵政公社の生田正治総裁をクビにした小泉・竹中

「日本郵政公社」の初代総裁は、商船三井の社長時代、阪神大震災で機能を失った神戸港を迅速に立て直し、船を集めて復活させ、商船三井を国内最大の船会社にまで育て上げた生田正治。冷静で緻密な経営力と大胆な行動力を併せ持ち、現場を大切にする経営者でした。郵便局のCMにある「真っ向サービス」も、生田が就任早々に職員全員に送ったメールの言葉が元となってできました。

ただ、現場から積み上げていく生田の経営手法は、華々しい「民営化」の成果を急ぐ小泉内閣にとっては、まどろっこしく思えたのでしょう。

「郵政選挙」で大勝し、勢いに乗って1日も早く「日本郵政公社」を株式会社化して「郵政民営化」したとアピールしたかった小泉首相や竹中平蔵郵政民営化担当大臣は、あっさりとこの優秀な経営者をクビにしてしまいました。

2007年3月2日、当時の菅義偉総務大臣が「生田総裁から、身を引かせていただきたいという趣旨の話があった」と説明したのですが、これに対して生田は「僕から辞意は表明していません」と会見。小泉・竹中ラインの意に沿わなかったためにクビになったことが公になりました。

◆「最後のバンカー」西川善文に株の売却を託した小泉・竹中

生田に代わって、請われて来たのは元住友銀行頭取の西川善文。

西川に与えられたミッションは、「スピードある経営」で、2年で「日本郵政グループ」の株式を上場させ、2017年までに「ゆうちょ銀行」「かんぽ生命」の株を全て売却して完全民営化するというものでした。

西川は、住友の天皇と言われた磯田一郎元頭取のもと、闇のお金の処理に携わってきた人物。世間を揺るがした安宅産業の破綻処理からイトマン事件まで、誰も怖くて手を出せないヤクザ、総会屋がらみの不正融資の処理に大鉈を振るいました。

バブル崩壊後の住友銀行には、闇の勢力が深く入り込み、幹部が襲われるといった狙撃事件が10件以上起き、1994年には名古屋支店長が射殺されました。

こうした闇の勢力とも真っ向から対峙してひるまなかったのが西川。「住友銀行のサルベージ部隊」ともいわれ、数々の修羅場をくぐり抜け、社内では西川は、「最後まで表舞台には出てこない住友のフィクサー」とまで言われていました。

けれど、住友銀行が社会的信用を失い、組織が瓦解寸前になったことで、大混乱を乗り切れるのは剛腕の西川しかいないということで頭取に抜擢されました。

西川は、「最後のバンカー」と呼ばれ、持ち前の合理性と剛腕で不良債権処理、欧州支店の閉鎖、オーストラリア銀行の売却など矢継ぎ早に行い、さくら銀行との財閥の垣根を超えた合併を成功させて、住友銀行のイメージアップに成功しました。

その清濁併せ呑む経営手腕は、財界でも卓越した存在感を放っていました。

けれど、この西川ですら、結局は政治家や官僚に翻弄され、最後はボロ雑巾のよう

に捨てられてしまいました

◆政権交代で、「独断専行」のレッテルを貼られて排除される

「ゆうちょ銀行」と「かんぽ生命」の早期の「完全民営化」を託された西川は、不良債権の「かんぽの宿」を一括で売り払い（バルクセール）ました。

「かんぽの宿」は、簡易保険利用者の健康増進のためにつくられた施設ですが、それは表向きの理由で、潤沢な郵便事業の資金を使って、政治家の地元へのアピールと官僚の天下り先として日本各地につくられた、利権がらみの施設でした。

当時、私たちの公的年金を湯水のように使ってつくった「グリーンピア」が問題となっていましたが、その簡易保険版ともいうべき施設でした。

「かんぽの宿」は、当初価格が２４００億円と言われていましたが、総務省の「郵政民営化承継財産評価委員会」が約１２６億円と評価し、さらには売り急いだことで１

09億円でオリックス不動産が競り落としました。

ところが、政権交代で民主党政権ができ、この価格が安すぎると非難され、総務省の委員会などで独断専行のレッテルを貼られました。そして、小泉政権という後ろ盾を失った西川は、辞任に追い込まれたのです。

◆安倍首相肝いりの西室社長は、4000億円の巨額損失を出す

西川の辞任後、民主党政権が連れてきた「日本郵政」の社長は、会社経営は素人の元大蔵事務次官の斎藤次郎。その次の社長も元大蔵官僚の坂篤郎《あつお》だったので、「財務省官僚のたらい回し人事」と批判されました。

再び政権交代で、安倍政権が発足すると、民主党政権で任命された坂篤郎氏が解任され、安倍政権は、元東芝社長の西室泰三を日本郵政の社長に据えました。

ここから、「日本郵政グループ」の時限爆弾をどんどん大きくする社長が続きます。

西室泰三は、オーストラリアの物流会社トール・ホールディングを、経営者としてはあるまじき高値で買わされ、なんと4000億円の損失を出しました。

ちなみに西室は、以前在籍していた東芝で、2006年に米ウェスチングハウス買収で同じ失敗をして7000億円の損失を計上。東芝が稼ぎ頭だった半導体を外資に売り、東証一部上場を廃止される転落の原因となったとされています。

さらに西室は「アフラック」と提携。183ページから説明しますが、「かんぽ生命」と「日本生命」が共同開発した「がん保険」を発売直前に潰し、以降「かんぽ生命」と一緒に新商品を開発しようとする民間の生命保険会社はなくなりました。

◆アフラック株の購入は、新たな時限爆弾になるのか

西室の後に、「日本郵政」社長となったのが、「かんぽ生命不正販売問題」で民営化委員会の委員に追及され、なぜ自分が追及されているのかがわからず、後日の記者会見で逆ギレしたことで有名になった長門正貢《まさつぐ》。

長門は、2018年に、アフラックの株を2700億円購入すると発表。アフラック株には、取得から4年経過すると議決権が10倍になる規定があり、「日本郵政」が発行済みの株式の約7％、2700億円分を購入すると4年後に「日本郵政」の議決権は20％を超えるので、アフラックの利益の一部を連結決算に反映させることができるといった思惑があったと言われています。また、株の配当だけでも年間60億円が見込めるので、悪い買い物ではないと思ったのでしょう。

ところが、この高い買い物は、「かんぽ生命不正販売事件」と「新型コロナウイルスのパンデミック」で、取らぬ狸の皮算用となってしまいました。一時は60ドル近かったアフラックの株価が、40ドルを切ってしまったのです。しかも、円高とダブルパンチとなり、またまた「郵便局」の将来に大きな禍根を残しそうです。

◆そして元総務大臣の増田寛也社長が火中の栗を拾う

「日本郵政は、腐りきっている。こんな組織のトップには、まともな経営者なら、怖くてなれない」。ある財界人が、吐き捨てるように言いました。

民間から連れてきた優秀な経営者を次々にクビにし、官僚に任せてもうまくいかず、その後になんとか連れてきた民間経営者が次々と巨額損失を出す。こうした状況を見たら、優秀な経営者なら尻込みするのは当然かもしれません。

そして、「かんぽ生命不正販売事件」で、ついに社長のなり手がいなくなった中で、捨て身の覚悟で社長を引き受けたのが、増田寛也元総務大臣。会社経営は素人ですが、総務大臣や民営化委員長を務めただけに、沈みゆく「日本郵政グループ」というタイタニック号を見殺しにはできないという思いに駆られての社長就任でしょう。

増田寛也社長が、「政争」という暗礁に乗り上げ、沈みかけた巨船の最後の船長とならないことを祈るばかりです。

【時限爆弾4】儲かる商品がつくれない。預かり金が運用できない

「ゆうちょ銀行」「かんぽ生命」は、完全な民間企業ではないために、自由に商品開発をすることができず、魅力的な商品もつくれません。なぜなら、「郵政民営化法」で、業務に細かく制限がかけられているからです。

◆商品が魅力的であればあるほど、発売前に潰される

例えば、「かんぽ生命」の社員が、今までにないような画期的で素晴らしい保険商品を開発し、これを商品化しようとしたとします。

普通の保険会社なら、金融庁が認可すれば、商品を売ることができます。

ところが「かんぽ生命」は、完全には民営化していないので、金融庁に届け出ると、その後に広くみんなの意見を聞かなくてはなりません。**郵政民営化法第138条第5**

項に、「内閣総理大臣及び総務大臣は、第一項から第三項までの認可の申請があったときは、「民営化委員会」の意見を聴かなければならない」とあるからです。

「民営化委員会」とは、「郵政民営化」がちゃんと進んでいるか、監視・検証する組織で、ここがOKしなくては、新商品はつくれません。

「民営化委員会」はパブリックコメント（意見公募）で、広く国民の声も聞くだけでなく、「民業圧迫」にならないかなど様々な角度から検討します。

そこで、仮に「かんぽ生命」が申請した新しい保険が、他にないような素晴らしい保険だったら、どんなことが起きるでしょうか。

当然ではありますが、素晴らしい保険であればあるほど、他の保険会社が、「こんな商品を出されたら我が社の保険が売れなくなる」と思い、「民業圧迫だ」と抗議することでしょう。そして、文句を言われたら、その部分を修正しなくてはならないことになります。なぜなら、法律で「郵便保険会社と他の生命保険会社との適正な競争

ゆうちょ銀行、かんぽ生命は新規業務の認可が大変

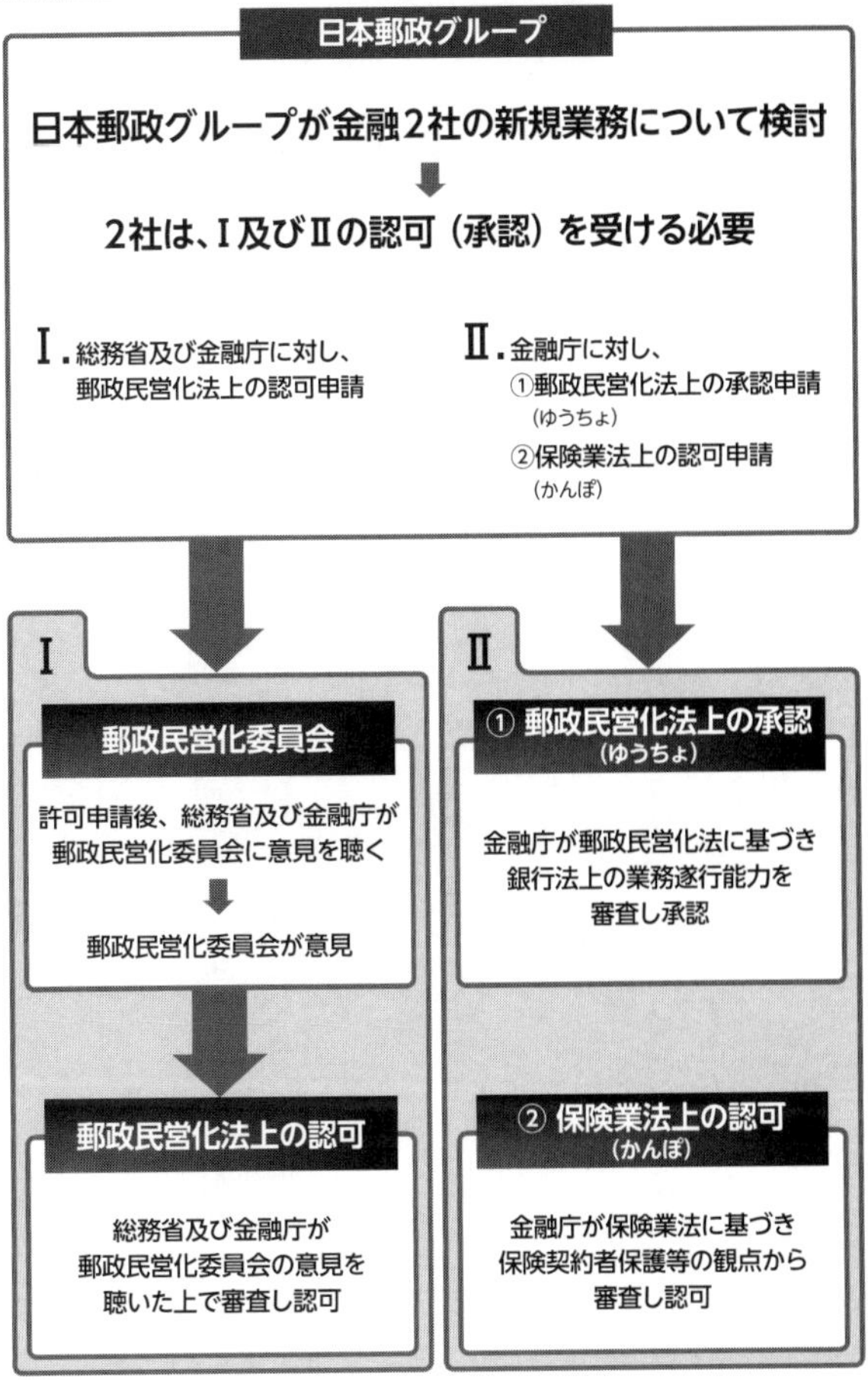
日本郵政グループ
日本郵政グループが金融2社の新規業務について検討
2社は、I及びIIの認可（承認）を受ける必要
I. 総務省及び金融庁に対し、
郵政民営化法上の認可申請
II. 金融庁に対し、
①郵政民営化法上の承認申請
(ゆうちょ)
②保険業法上の認可申請
(かんぽ)
I
郵政民営化委員会
許可申請後、総務省及び金融庁が
郵政民営化委員会に意見を聴く
郵政民営化委員会が意見
郵政民営化法上の認可
総務省及び金融庁が
郵政民営化委員会の意見を
聴いた上で審査し認可
II
① 郵政民営化法上の承認
(ゆうちょ)
金融庁が郵政民営化法に基づき
銀行法上の業務遂行能力を
審査し承認
② 保険業法上の認可
(かんぽ)
金融庁が保険業法に基づき
保険契約者保護等の観点から
審査し認可

関係及び利用者への役務の適切な提供を阻害する恐れがないと認めるとき」となっているからです。

さらに、実質的に国営企業である「かんぽ生命」「ゆうちょ銀行」には、普通の金融機関にない業務上の「縛り」があり、民間との競争を阻んでいます。

◆「かんぽ生命」を縛る「加入限度額」

「かんぽ生命」では、通常の民間生命保険会社と違って加入限度額が定められていて、1000万円から2000万円の小型な保険しか売れません。

基本保険契約は、被保険者が満15歳以下の時には上限は700万円まで。16歳以上なら1000万円までとなっています。ただし、満20歳以上満55歳以下の場合には、加入後4年以上経過した契約があるなど一定条件を満たすと、累計で2000万円まで加入できます。

いっぽう民間の生命保険会社は、支払い能力さえあれば、保険金額の上限はありません。15歳未満の未成年は1000万円で、仕事の危険度によって潜水士、高所作業職は3000万円、トラック運転手は5000万円などの上限はありますが、普通の人なら、たとえば、年収400万円の人なら、死亡時の保険金はだいたい6000万円まで。年収1億円の人なら、10億円以上の保険でも加入可能です。

小型の保険で、しかも、保険そのものの商品としての魅力が限定的だとなれば、売るほうは売りにくい。その一方、厳しいノルマが課せられています。

「かんぽ生命不正販売」では、判断能力が低い老人を相手に押し売りが横行しました。魅力のない商品を、重いノルマで何が何でも売らなくてはならない状況が、今回の「不正販売」の一因となっているのではないでしょうか。

◆「ゆうちょ銀行」を縛る、「集めたお金を貸し出せない！」

「ゆうちょ銀行」は、預入金額が最大2600万円までですが、集めたお金は、特殊

なものを除いては貸し出しできません。特殊なものとは、自分が預けている貯金を担保に、その9割までを借りることができるという融資。

民間銀行にある、住宅ローンも、自動車ローンも、教育ローンも、リフォームローンも、カードローンもありません。さらに、いま民間銀行では、遺産相続のコンサルティングや企業継承、企業合併などのアドバイスで儲けるという新機軸を打ち出しているところが多いですが、こうしたことも現状ではできません。

自社でローンの貸し出しはできませんが、銀行と提携し、ソニー銀行や新生銀行と提携して、これらの銀行の住宅ローンの媒介はしています。

以前は、スルガ銀行と提携していましたが、スルガ銀行が不正融資問題で金融庁の行政処分を受けたのを機に、提携を解消しています。

「ゆうちょ銀行」も、ローン事業への参入を目論んで、2008年5月からスルガ銀行と組んでローンの媒介を開始。実績をつくり、2012年9月に、「郵政民営化

法」第110条第1項の規定に基づき、金融庁や総務省に自行の新規事業としてローン事業を扱う認可申請を行いました。

ところが、なかなか認可が下りず、最終的には2017年3月に、断念して申請を取り下げた経緯があります。

◆高まり続ける貯金の運用リスク

「ゆうちょ銀行」は、206兆円もの貯金を集めながら、貸し出しができないので、集めたお金は運用するしかありませんが、リスクが日に日に高まっています。

今まで、「ゆうちょ銀行」も「かんぽ生命」も、みなさんから預かった大切な貯金や保険料を目減りさせないように、安全な国債で運用していました。2007年の「郵政民営化」時点で「貯金」の約9割は、リスクのない国債で運用されていました。

ところが、2019年3月末で見ると、国債の運用割合は28・3%まで減り、代わりに、外国債券や外国の投資信託などが30・3%と増えています。

「ゆうちょ銀行」のポートフォリオがこんなに変わった

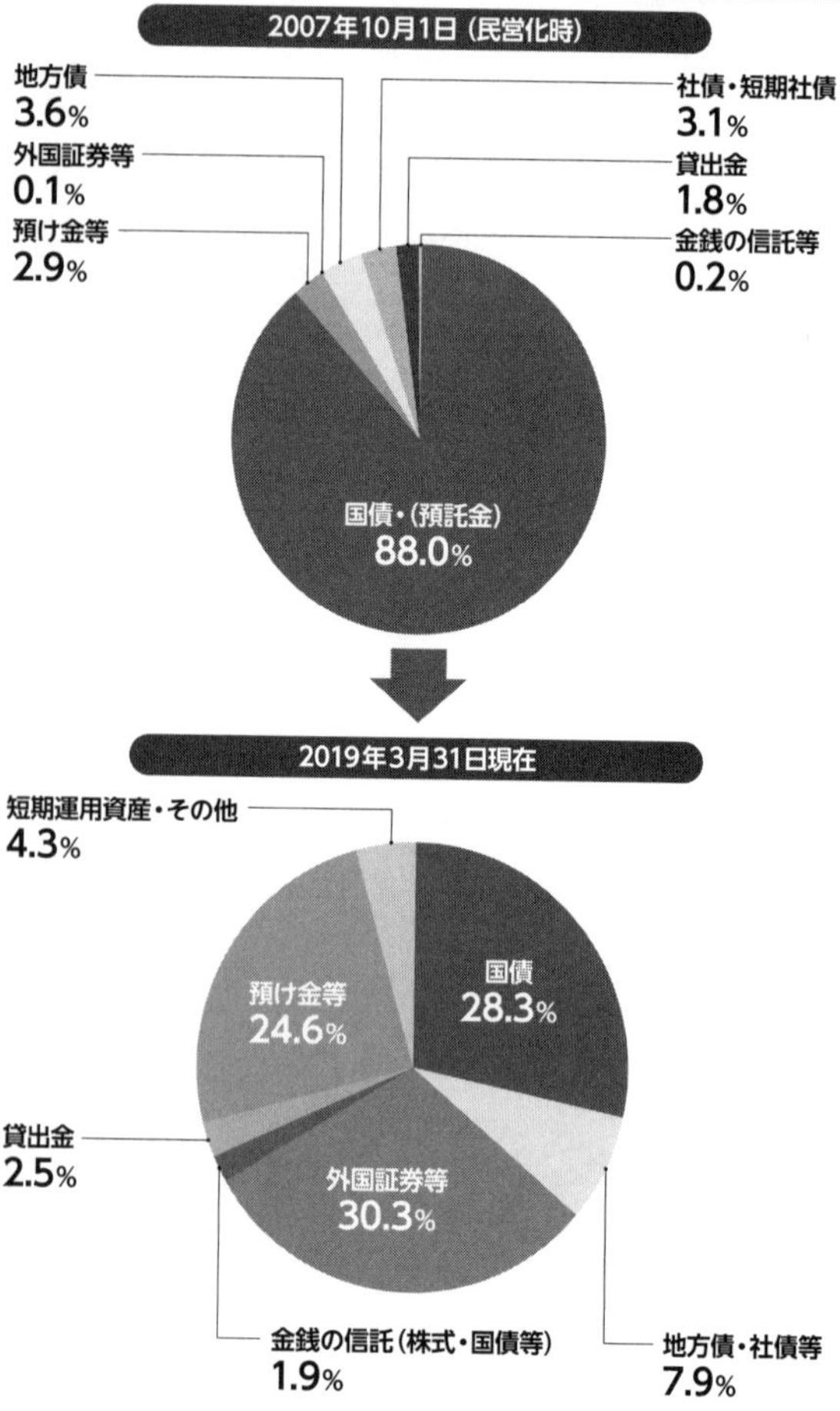

なぜ、こんなにリスク運用が増えたのかといえば、日銀のマイナス金利政策で国債の金利もマイナスになり（10年日本国債の利回りマイナス0・017％＝2020年3月31日現在）、**国債で運用すればするほど、損してしまうからです。**

国債運用とは、国債を買って満期が来たらまたそのお金で国債を買うというものですが、高い金利の国債は、次々と満期を迎える（償還）のに、今はマイナス金利なので買える国債がない。そうなると、為替リスクはあるけれど、日本の国債よりも金利が高いアメリカ国債など外国債券を買うしかないのです。

すでに日銀の金融政策は後戻りできないところにまで来ており「郵便局」の運用も、この先、日本国債で安定して金利を得る正常な状況に戻れるかは疑問です。

◆「投資信託」の販売で、多額の不正が発覚

運用難の中、ゆうちょ銀行が力を入れているのが、投資商品の販売。「貯金」を集めても運用できないので、「投資信託」で手数料を稼ぎたいということです。

ゆうちょ銀行の販売金額ランキング（6ヵ月）

	ファンド正式名称	資金流入額（3年・億円）	純資産総額（億円）	リターン（3年・%）	分配金健全度（3年・%）	年間決算回数	投信分類	実質信託報酬（%）
1	東京海上・円資産バランスファンド（毎月決算型）（東京海上）	4,426	5,723	3.19	34.72	12	バランス	0.90720
2	東京海上・円資産バランスファンド（年1回決算型）（東京海上）	1,561	1,675	3.21	100.00	1	バランス	0.90720
3	スマートファイブ（毎月決算型）（日興）	2,946	3,123	3.60	23.61	12	バランス	1.44790
4	ピクテ・グローバル・インカム株式ファンド（毎月分配型）（ピクテ）	870	6,657	15.75	30.45	12	先進国株式	1.78800
5	JP4資産バランスファンド安定成長コース（JP）	1,161	1,193	11.00	93.55	6	バランス	0.62316

注）ゆうちょ銀行の公表データをもとにQUICK資産運用研究所が作成。ゆうちょ銀行取り扱いファンドの過去6ヵ月の販売金額ランキング（期間：2018年12月1日〜19年5月31日）。データは19年5月末時点。資金流入額はゆうちょ銀行以外での販売分を含む市場全体の数値。億円未満は切り捨て。分配金健全度は3年前に購入した場合に受け取った分配金がどれだけ運用益から支払われたかを示す。リターンは課税前分配金再投資ベース。投信分類は投資地域や資産などで区分したQUICK独自の分類。実質信託報酬は年率・税込み。

「ゆうちょ銀行」の「投資信託」の中でも、人気なのが「毎月分配型（毎月決算型）」の投資信託。これは、毎月決まった額の分配金がもらえる投資信託で、たとえば1口1万円で1口あたり30円の分配金が出るタイプなら、1000万円投資すれば、毎月3万円の分配金がもらえます。

「貯金で1000万円預けても、年間に1000円くらいの利息しかつかないのですから、これを1000万円買って月3万円ずつもらえば、老後の年金代わりになりますよ」と言われたら、「投資信託」なんて言われてもよくわからないご老人は、「なんていい貯金なのだ」と思うことでしょう。

金融情報提供会社「Ｑｕｉｃｋ」によれば、「ゆうちょ銀行」で２０１８年12月１日から２０１９年５月31日までの半年で売られた「投資信託」のうち、売買金額ベスト５に、「毎月分配型」の投資信託が３本入っていました。

「毎月分配型投資信託」は、運用が儲かっていても損していても分配金が出ます。なぜ、損をしても分配金が出るのかといえば、最初に預けたお金の中から出しているからで、ほとんどのものは元金がどんどん減っていきます。

「郵便局」では、現在41本の毎月分配型投資信託を販売していますが、基準価格といって発売されたばかりの時に１万円だったもので現在価格で１万円以上になっているものはたった２つ。あとの39本は、１万円を下回っています。中には２０００円台というものも４本あります（２０２０年３月31日現在）。

◆「ゆうちょ銀行」投資信託販売に、苦情が殺到

「ゆうちょ銀行」の「投資信託」でも、保険同様「不正販売」が横行していました。

2019年9月13日、「ゆうちょ銀行」と「日本郵便」は、高齢者への投資信託販売で、1万9591件の社内規定違反があったことを公表。70歳以上の高齢顧客23万5000人を対象とした調査で、高齢者に「投資信託」を売る時に、認知症でないか、金融商品に対する理解力があるかなどの確認を怠ったケースが続出しました。

「ゆうちょ銀行」の直営店は233店ありますが、2018年4月から19年2月までの10ヶ月の販売で、社内規定違反は9割の213店でした。さらに、委託している郵便局の窓口では1540局中187局で違反をしていました。

ちなみに、2016年1月の「東洋経済」のインタビューで、「ゆうちょ銀行」の社長だった長門正貢は、「4月以降、投資信託の販売にかかわるインセンティブ（報奨金）を、強力につける。投信の販売を担うフィナンシャルコンサルタントも、増員

して投信販売に力を注ぐ」と言っています。報奨金をあげ、販売で尻を叩いた結果、手数料欲しさに現場で不正な営業が増加していったということでしょう。

◆タコが足を食べるような状況の「かんぽ生命」

「かんぽ生命」も、「不正販売」以前に、構造的に先行きがジリ貧になっていくことは明確です。

表は、かんぽ生命が保有している郵政民営化前の簡易保険契約と、郵政民営化後に「かんぽ生命」が獲得した保険の件数の推移です。

民営化前に加入している簡易保険の契約数は右肩下がりで、逆に、民営化後に獲得した保険の件数は右肩上がり。これは、今まで「郵便局」の簡易保険に入っていた人が、満期を迎えるなどして「かんぽ生命」の保険に切り替えてきたということです。

かんぽ生命の保有契約の推移

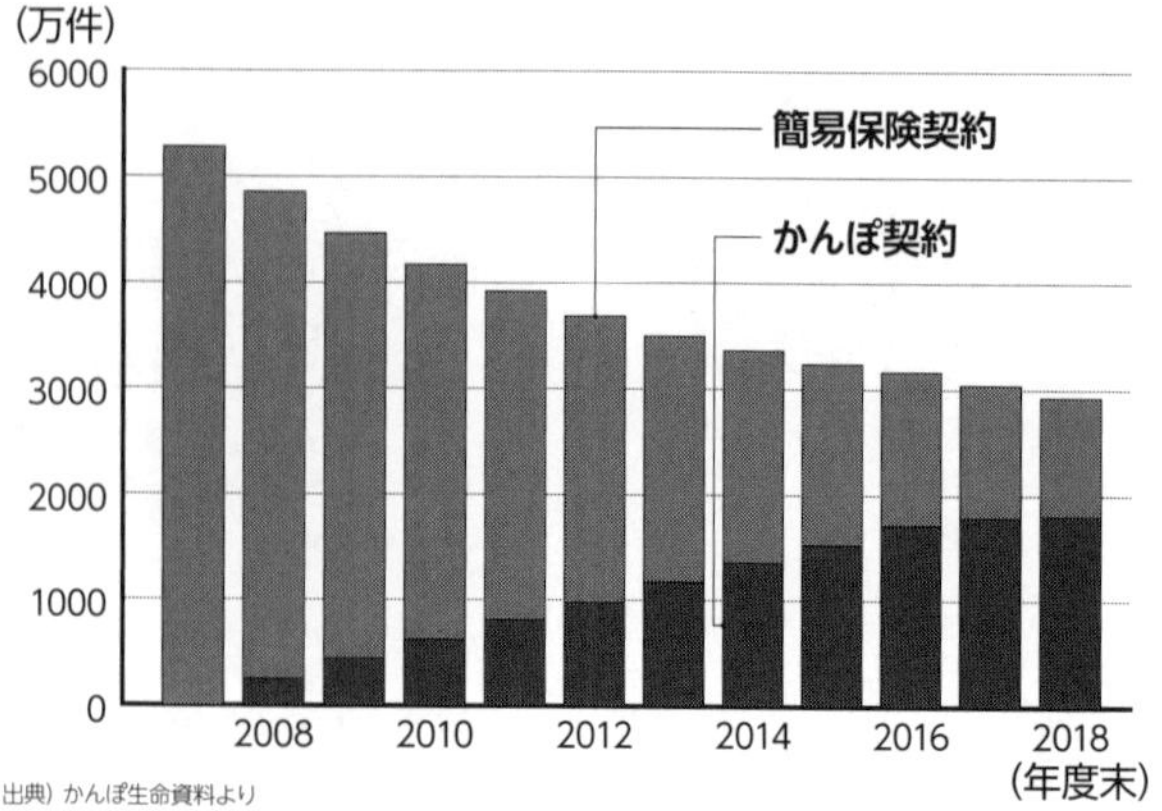

出典）かんぽ生命資料より

郵政民営化の前に加入した簡易保険は、増額したり特約をつけたりすることはできず、満期が来たらそれで終わります。ですから、こうした保険を「かんぽ生命」に切り替えさせ、新規に保険を獲得してきたということです。

こうした保険の中には、今回の「不正販売」に関わるものも多々あります。簡易保険からの乗り換えで取り扱い件数を増やすのでは、タコが自分の足を食べて生き延びるようなもの。新しい餌を見つけなくては、ジリ貧状態になります。

【時限爆弾5】政治の介入が止められない

「郵便局」が抱える5つ目の時限爆弾は、「ゆうちょ銀行」も「かんぽ生命」も、実質的に国営企業なので、民間企業のような合理的な経営判断をしたくても、簡単に政治力で捻じ曲げられ、正しい経営ができないということです。

「かんぽ生命」も「ゆうちょ銀行」も、法律の縛りがあって単独では魅力的な商品を作ることができません（時限爆弾4）。そこで、民間の力を借りて、共同開発というかたちで新商品をつくろうという試みをしてきました。

「郵政民営化」で「かんぽ生命」が誕生した翌2008年、「かんぽ生命」と「日本生命」が一部業務提携を発表しました。総資産100兆円の「かんぽ生命」と、総資産52兆円の「日本生命」のカップル誕生でした。

「かんぽ生命」は、低金利が続く中で主力商品である「養老保険」や「学資保険」に魅力がなくなっていました。そこで、「日本生命」と業務提携することで、それまでなかった民間保険会社の商品開発や事務システムの構築ノウハウを得ようと考えたのです。民間では当たり前のリスク管理やマーケティングなどのノウハウも学べます。しかも、「日本生命」という民間ナンバーワン保険会社のサポートが得られるのですから、さぞかし心強かったことでしょう。

「日本生命」もまた、「郵便局」ネットワークを持つ「かんぽ生命」に魅力を感じていました。2001年に、保険が完全自由化して以来、外資が参入。従来型の保険販売だけでは頭打ちと感じていただけに、全国に約2万4000局ある郵便局のネットワークや、5500万件という保険の保有契約数は、魅力的だったでしょう。

提携後、2社は共同開発の第1弾として、2009年度中に「がん保険」を販売すると発表。この商品は、女性や中高年向けにシンプルにつくられたもので、「日本生命」としてもかなり力を入れていました。

ところが、この新商品の発売を、見合わせなくてはならない事態が起きました。2009年9月、自民党から民主党に政権交代し、「郵政民営化」も見直されて、新商品の共同開発は一時中断されたのです。

その後、民主党から再び政権が自民党の安倍政権に戻ったことで政局も落ち着き、「かんぽ生命」と「日本生命」は満を持して共同開発した新しい商品を、2013年に販売しようとしました。

ところが、販売直前に、安倍政権の麻生太郎副総理が「待った」をかけました。

「政府としては今後、かんぽ生命の適切な競争関係が確立されたことが判断できるまでは、少なくともその認可を行う考えはない」と閣議後の記者会見で語ったのです。

しかも、かんぽ生命の新商品は、数年は認可しないというのです。

これは、「かんぽ生命」にとっても「日本生命」にとっても、青天の霹靂。生命保険業界にも、激震が走りました。

◆外資系トンビに、油揚をさらわれた「かんぽ生命」と「日本生命」

麻生副総理の一言で、新しい保険の販売を断念せざるをえなくなった3ヶ月後、またもや業界を驚愕させるニュースが飛び込んできました。

なんと「日本郵政グループ」が外資系保険会社の「アフラック」との業務提携を大幅に拡大し、全国1000の「郵便局」の窓口で扱っていた「アフラック」の「がん保険」を全国の2万局で売ると発表したのです。しかも、「アフラック」は、「郵便局」や「かんぽ生命」で取り扱う専用の「がん保険」の開発を検討しているというのです。

「日本生命」と共同開発した新商品は、システム対応まで準備してあとは認可を待つばかりという状況でしたが、麻生発言でご破算になっただけでなく、外資系の「アフラック」が、津々浦々の「郵便局」で「がん保険」を売るというのです。

この予期しない事態に当事者だけでなく、保険業界全体が唖然としました。

なぜこんなことが起きたのかといえば、真相は定かではありませんが、状況から推測すると、2013年、日本政府は、TPP（環太平洋経済連携協定）の交渉に備えて、アメリカと様々な協議をしていました。ここには、「かんぽ生命」と「日本生命」が「がん保険」を共同開発して発売する話も、当然ながら出ていたはずです。

これは、「がん保険」で日本のトップシェアを占める外資系の「アフラック」にとっては、看過できない事態。TPPをめぐっての裏取引があったのではないかと言われています。

なぜなら、「アフラック」との業務提携拡大が発表されたのは7月26日で、日本政府が、正式にTPPに参加したのはその3日前の7月23日だったからです。

この事件で、生命保険各社は、業界随一の政治力を持つ「日本生命」でさえも、日本政府やアメリカ政府の前では膝を屈せざるをえないリスクを感じたはずです。

ただ、皮肉なことに「日本生命」は、これで救われました。「かんぽ生命不正販売」の影響をもろに受けなくて済んだからです。いっぽう「アフラック」は、2019年の「郵便局」での販売が、前年の半分になるという大打撃を受けました。

こうした中で「アフラック」は、東京証券取引所での上場を廃止し、同社の株をニューヨーク証券取引所に一本化すると発表。2019年10月3日をもって、日本での上場が廃止されました。

1987年に上場して以来30年以上続いた東京証券取引所への上場を廃止したのは、表向きは「東京証券取引所での株の取引量が少ない」ということですが、自社を不正に巻き込んだ「郵便局」に激怒したことは、誰の目にも明らかです。

◆報奨金獲得のために、貯蓄限度額の引き上げを要求!?

政治力で横槍を入れてくるのは、政府だけではありません。

2019年4月1日、政府は、それまで1300万円だった「ゆうちょ銀行」の預入限度額を、なんと2倍の2600万円に引き上げました。

超低金利が続く中で、融資先もないのに多額のお金を集めるということは、運用リスクが大きくなるということですから、「ゆうちょ銀行」にとっては自爆行為なのに、なぜ、預入限度額を2倍に引き上げたのでしょうか。

圧力をかけて来たのは、全国のほとんどの郵便局長が加盟する「全国郵便局長会」だと言われています。

「ゆうちょ銀行」は、「郵便局」が貯金を集めてきた金額に対して、報奨金を出してきました。「ゆうちょ銀行」が、年間に「郵便局」に支払っている各種手数料は約6000億円ですが、このうち約2000億円は貯金の報奨金で、貯金が増えれば増えるほど、この報奨金も増えていく仕組みになっていました。

ですから、「全国郵便局長会」は、この限度額の引き上げを自民党に強硬に求めたと言われています。ちなみに、自民党は、「全国郵便局長会」の要求に応じ、16年にも、それまで1000万円の限度額を1300万円に上げています。

このように、「日本郵政グループ」には、合理的な経営を妨げる「天の声」が、常に存在します。

こうした声が、まともな経営を妨げる大きなリスクとなっています。

第6章　「破綻」したら「貯金」「保険」はどうなる?

◆「破綻」の前に知っておきたいこと

「郵便局」の「経営破綻」が、現実味を帯びてきています。

「破綻」とは、現状が、修復しようもないほどうまくいかなくなって行き詰まることで、今の「郵便局」は、まさにそのような状況にあります。

本書で見てきたように、「日本郵政グループ」の稼ぎ頭は「ゆうちょ銀行」と「かんぽ生命」ですが、この2社は「売れる商品がつくれない」「郵便局ネットワークを支えなくてはならない」「厳しいビジネス状況を打破できるトップがいない」という三重苦に陥っています。会社として発展が期待できるビジョンが描けない。

そんなか、「かんぽ生命不正販売」問題が発覚。さらに新型コロナウイルスによる株価の大幅下落に見舞われました。

結果、これまでの章で解説してきたように、「日本郵政」「ゆうちょ銀行」「かんぽ生命」の3社の株売却はほぼ不可能な状況になっています。しかもそれだけでなく、株価の下落によって、帳簿上でも大規模な損失が発生する可能性が出てきました。

では、もし本当に破綻した場合、今預けている「貯金」や加入している「保険」は、どうなるのでしょうか。

■時期や種類によって破綻後の扱いは異なる

「郵便局」にあずけた「貯金」や、加入した「保険」は、預入や加入時期によってイザという時の扱いが異なります。また、同時期に購入した金融商品であっても、政府の方針次第で元本が全額保全されるか、一部毀損するかは分かれます。

「郵便局」が破綻したら——預けた資産保護のポイント

❶「郵政民営化前（2007年9月30日まで）」に預けた定期性の貯金や、契約した簡易保険、購入した投資信託について。

■「貯金」は全額保護され、継続される

■「簡易保険」は全額保護され、継続される

■「投資信託」は分けて管理されているので損失なし —— 196ページ

❷「郵政民営化後（2007年10月1日以降）」に預けた定期性の貯金や、契約した保険、購入した投資信託は、破綻処理スキームによって違う

Ⓐ「郵便局」が再国営化されれば、すべてに政府保証がつく —— 202ページ

B 「ゆうちょ銀行」「かんぽ生命」が他の金融機関に吸収合併されれば、金融商品もそのまま移行する 203ページ

C 「ゆうちょ銀行」「かんぽ生命」が破綻処理されると、財産が一部カットされる可能性がある

■**「貯金」**は、利用者1人につき、元本1000万円と利息まで保護 205ページ

郵便局の商品　通常貯金、通常貯蓄貯金、定期貯金各種、財形貯金各種など。振替口座は全額保護される

■**「保険」**は、保険金が減額する可能性がある 211ページ

郵便局の商品　終身保険、定期保険、養老保険、がん保険、学資保険、変額年金保険

■**「投資信託」**などの金融商品は、基本的に損失なし 218ページ

郵便局の商品　投資信託、確定拠出年金

◆「郵政民営化」の前に購入した商品はすべて守られる

■貯金や保険は国が保護する

「郵政民営化」前の2007年9月30日までに郵便局に預けた積立郵便貯金や定額郵便貯金などの定期性の貯金や、加入した簡易保険は、「郵政管理・支援機構（独立行政法人郵便貯金簡易生命保険管理・郵便局ネットワーク支援機構）」が管理しています。

2007年9月30日までの「郵便局」は国営企業なので、「郵便局」の経営が立ちゆかなくなっても国が100％守るという約束をしています。その約束を信じて、みんなが「貯金」の預け入れや「保険」への加入をしていたので、約束どおりすべて守らなくてはならないからです。

「郵政民営化前」に契約した定期性の貯金や簡易保険は守られるということで一安心

している人もいるかもしれません。けれど、油断して放置していると、権利が「消滅」してしまうので注意しましょう。

・「民営化前」に預けた定期性の「貯金」は、20年で〝消滅〟

「民営化前」の2007年9月30日までに預けた、定額郵便貯金、定期郵便貯金、積立郵便貯金、住宅積立郵便貯金、教育積立郵便貯金など定期性の郵便貯金は、それ以降に預けたお金と分けて管理されていますが、いつでも郵便貯金証書や通帳を持って最寄りの郵便局の窓口に行けば、引き出すことができます。

ここに注意！　「民営化前」に預けた定期性の「貯金」については、満期から20年2ヶ月間、払い戻しの請求をしないと、払い戻しの権利が消滅します。

また、「民営化前」に預けた、満期の後にも自動継続する定期郵便貯金については、自動継続した時点が「民営化後」であれば、そこで更新は終わり、満期を迎えます。その後については、「民営化前」の貯金として取り扱われ、満期後20年2ヶ月で権利が消滅します。

権利消滅の2ヶ月前には、「権利消滅のご案内（催告書）」が送られてくるので、心当たりがある方は、マイナンバーカードや運転免許証、パスポートなど本人を証明できる書類を持って、「郵便局」の窓口などで払い戻してもらうといいでしょう。

民営化前に貯金した覚えがあるのだけれど、あまりに前のことなので、郵便貯金証書や通帳を紛失してしまったという人もいらっしゃることでしょう。

そういう場合には、「郵便局」の貯金の窓口で相談すれば、調査が行われます。発見されれば通帳がなくても払い戻してもらえる場合があるので、諦めないで！

■保険は補償内容も含めて保護される

保険も、貯金と同様に、民営化前までに加入したものは、民営化後の契約とは別に管理されています。そして「郵便局」の窓口で手続きをすれば、いつでも解約や支払いを受けられます。

支払期日を1年以上過ぎても受け取られていない保険金

【2019年9月末】 (単位　百万円)

区　分	支払期日を1年以上過ぎても受け取られていない金額
満期保険金	68,251
生存保険金・介護保険金	27,731
年金	27,651
失効・解約還付金	2,288

「郵便局」で加入した保険には、終身保険、養老保険、年金保険といった貯蓄性の高いものが多いです。こうした貯蓄性の高い保険についても、民営化前に加入したものは、加入した時の条件で運用されたお金が戻ってきます。

さらに、途中で死亡したり入院したりしても、最初に契約した保障内容のとおりに死亡保険金や入院（通院）給付金が出ます。

ここに注意！　せっかく保険に加入していたのに、受け取られていない保険金が、かなりあります。

前のページの表は、「民営化」前に加入し、「民営化」後に満期を迎えるなどして払い戻されるはずだった保険の金額です。２０１９年９月末時点で、支払期日を１年以上過ぎているにもかかわらず、受け取られていない保険金が、なんと約１３００億円もあります。

払い戻しに限らず、加入している保険について「不正販売」がなかったかなどは、最寄りの郵便局の窓口か、「かんぽコールセンター・０１２０・５５２・９５０」に問い合わせてみるといいでしょう。

◆「民営化後」の「貯金」破綻時の保護内容

■救済合併で預金は保護される

銀行が破綻したら、「1000万円＋利息」までなら、国によって預金が守られるということを知っている人は多いでしょう。このことを「預金保険制度」と言います。厳密には異なりますが、「ペイオフ」と呼ばれることもあります。

「預金保険制度」を説明する前に、たとえ「郵便局」が破綻したとしても、預金が全額守られるというケースについて解説しておきましょう。

そのケースは、大きく二つあります。一つは、足利銀行のような「一時国有化」のケースです。そしてもう一つは、「新銀行東京」のような、救済合併のケース。

【A：一時国有化して破綻処理されるケース】

「郵便局」の破綻はあまりに社会的な影響が大きいために、一時国有化されてから処理されるというケースは十分考えられます。

例えば、2003年に債務超過に陥って破綻申請した足利銀行ですが、一般的な破綻処理をするには地域経済への影響が大きすぎると政府は判断しました。その結果、一時国有化され、国のもとで営業を続けることになり、「預金」は全額保護されました。そして、銀行を再生して、新しい経営に引き継ぐという措置を実施しました（預金保険法102条第一項の3号措置）。

・「郵便局」の一時国有化の可能性

「郵便局」が破綻した際に、「一時国有化」の可能性はあるでしょうか。

「郵便局」は、国民に広く150年愛されてきた金融機関です。国民生活への影響も大きいので、再国有化するという選択も考えられます。ただ、「ゆうちょ銀行」は、通常の銀行のように、基本的に個人や法人への資金貸し出しをしていないので、融資面で地域社会に与えるダメージがあまりなく、また、貯金も小口であることから、国有化されずに通常の銀行の破綻処理が適用される可能性もあります。

「かんぽ生命」の場合には、不正販売がここまで大きな不祥事となっていては、なかなか立ち直るのが大変です。けれど、一般的な生命保険会社に比べ、保険の加入金額が小さいことが幸いしています。破綻の影響を受ける範囲は全国的で広いですが、通常の保険会社と比べると個々人に与える影響は限定的となりそうです。

ですから、政府が一時国営化せず、「破綻処理」は民間のルールに従うということになる可能性の方が大きいのではないでしょうか。

【B：他の金融機関に吸収合併されるケース】

破綻した銀行が他の銀行に救済合併されると預金は保護されます。破綻した銀行の資産内容などがとても魅力的で、他の銀行がそのまま欲しがって救済合併した場合、預金はそのまま救済合併する銀行に引き継がれます。つまり、預金は「無傷」です。

例えば、2003年に、当時の石原慎太郎東京都知事の選挙公約で設立された「新銀行東京」です。さんざん都民の税金を使いまくりながら、最終的には経営が成り立たなくなった「新銀行東京」ですが、2018年に東京都民銀行と八千代銀行に吸収合併され、3社は「きらぼし銀行」として再出発しました。

このケースでは、利用者の「預金」はそのまま引き継がれ、「預金」がカットされることはありませんでした。

・外資系に売り払われても、私たちの「貯金」は無傷で戻る?!

「ゆうちょ銀行」が「破綻」しても、他の金融機関が救済することで私たちの「貯金」が無傷のまま戻される可能性はあるでしょう。

「ゆうちょ銀行」には、200兆円近い預金残高があります。

これは、外資金融機関などにとっては、魅力的ではないでしょうか。そもそも、131ページの「年次改革要望書」にあるように、「郵便局」を民営化し、その資産を国外に流出させることは、是が非でも実現したいことだったのですから。

もしもの破綻時に、国外の金融機関が「ゆうちょ銀行」を引き受けるということになれば、国家的な損失は別として、私たちの「貯金」は、全額守られます。

【C：一部、カットされる可能性のある「破綻処理」】

一般的には、金融機関が破綻すると、「預金」や「保険」は、その一部がカットされ、破綻処理されます。「郵便局」にこれが100%当てはまるかは、前述のように政治判断になるので不確かな部分がありますが、民間の「破綻処理」ルールに従った場合について見てみましょう。

金融機関が「破綻」した場合には、取り扱っている商品の種類によって、どのように保護されるのかが異なります。

「貯金」や銀行に預けた「預金」については、預金保険機構の「預金保険制度」で守られます。

「保険」については、生命保険契約者保護機構の「保険契約者保護制度」で守られます。

「投資信託」については、「信託財産の分別管理」といって、販売会社と別の組織で管理しているので、購入した金融機関が破綻しても無傷で守られるようになっています。

そこで、まず「貯金」の保護について見てみましょう。

◆預貯金は「預金保険制度」で守られる

「預金保険制度」に加入している金融機関なら、破綻しても、預金者1人あたり元本

金融機関が破綻しても「振替口座」はすべて守られる

預金等の分類			保護の範囲
預金保険制度の対象預金等	決済用預金	当座預金・利息の付かない普通預金 等	全額保護
	一般預金等	利息の付く普通預金・定期預金・定期積金・元本補填契約のある金銭信託(ビッグ等の貸付信託を含む) 等	金融機関ごとに預金者一人当たり、元本1,000万円までと破綻日までの利息等が保護
預金保険制度の対象外預金等		外貨預金、譲渡性預金、無記名預金、架空名義の預金、他人名義の預金(借名預金)、金融債(募集債及び保護預かり契約が終了したもの) 等	保護対象外

1000万円までとその利息が、保護されることになっています。もちろん、「ゆうちょ銀行」もこの制度に加入しています。

例えば、2000万円預金している人がいたとしましょう。この場合、1000万円と利息までは、金融機関が破綻しても「預金保険制度」から戻してもらえます。では、残りの1000万円はまるまる戻ってこないかといえば、そうとは限りません。

金融機関が破綻したら、債務などの破綻処理が行われますが、その破綻手続きを経て、なお財産が残っていた場合には、この残った額が「預金（貯金）額」に応じて按分《あんぶん》され、払い戻しされます。

■「郵便局」の貯金はすべて対象

「預金保険制度」で守られることになっている商品は、前ページの表のようになります。

「郵便局」では、「外貨預金」や「譲渡性預金（ＣＤ）」など、保護の対象外となる貯金は扱っていません。

また、「郵便局」における「決済用預金」とは、「振替口座」です。「振替口座」は、商品代金の決済や会費の集金、配当や返還金の送金など送金決済で使われる口座で、ここに入っているお金は、すべて守られます（ただし、貯金に利子は発生しない）。

ここに注意！　金融機関が破綻すると、預金保険制度で保護されている以上の金額（元本

1000万＋利息）を引き出すことはできません。

また、同じ人が1つの銀行に複数の口座を持っている場合、金融機関は名寄せをしなくてはなりません。名寄せに時間がかかる場合には、1口座60万円を上限として「仮払い」を受けられます。

◆生命保険は、「保険契約者保護制度」で守られる

■保険も「救済合併」で完全保護

かんぽ生命不正販売で、金融庁は「郵便局」での「かんぽ生命」の新規保険販売について、令和2年1月1日から3月31日まで業務停止命令を出しました。さらに、厳しい業務改善命令を出し、再発防止に努めるように指導しています。

ただ、生命保険というのは一種のイメージ商品でもありますから、崩れた安全神話を立て直すことは容易なことではないでしょう。

事実、「かんぽ生命」については、「民間の保険会社なら、破綻してもおかしくない」という声があるのも事実で、これだけの汚点を残し、この先、本当にやっていけるのだろうかという不安もあります。

もし、「かんぽ生命」が破綻したら、加入している保険はどうなるのでしょうか。

民営化前に「郵便局」で加入した保険については、満期まではすべて国が100％保護します。

民営化後についても、「貯金」と同様にいくつかのパターンを想定できます。

まずは、破綻した「かんぽ生命」を救済する保険会社が現れる場合です。このケースでは、保険契約そのものが受け皿となった保険会社に引き継がれますので、保険会社の名前は変わりますが、これまでと同じ保障を受けられます。ただし、保険金の一部がカットされる場合もあります。

もし、何らかの理由で受け皿として手をあげる保険会社が出てこない場合には、生命保険会社各社がお金を出し合っている「生命保険契約者保護機構」が、みなさんの保険を管理することになります。

この場合、大きく次のような2つの不利益が起こります。

①責任準備金がカットされ、将来もらえるお金が減る。

②保険の運用利回り（予定利率）が下げられる。

この2つについて、具体的に見て見ましょう。

■将来もらえるお金（責任準備金）がカットされる

保険に入る目的は、イザという時に、保険金や給付金を保険会社から給付されたり、解約した時に解約返戻金を受け取ったり、満期になった時に満期返戻金をもらったりすることでしょう。

こうしたお金は、しっかりみなさんに返せるように、保険会社があらかじめ支払った保険料の中から積み立てています。

破綻した生命保険会社の責任準備金の削減率

過去の事例

破綻した生命保険会社	破綻年月	責任準備金の削減率
日産生命保険相互会社	1997年04月	0%
東邦生命保険相互会社	1999年06月	10%
第百生命保険相互会社	2000年05月	10%
大正生命保険株式会社	2000年08月	10%
千代田生命保険相互会社	2000年10月	10%
協栄生命保険株式会社	2000年10月	8%
東京生命保険株式会社	2001年03月	0%

定期保険などの、いわゆる「掛け捨て」と言われる保険にはこの積み立て部分はほとんどありません。けれど、終身保険や養老保険、学資保険、個人年金（確定給付型）など、いわゆる「貯蓄型」の保険と言われるものには、この積み立て部分がかなりあります。

そして、保険会社が破綻すると、この積み立て部分は最高で10％カットされます。つまり、戻ってくるお金がそれだけ少なくなるということです。

貯蓄型の保険は「ゆうちょ生命」の主力商品ですから、破綻時に契約者は大きな打撃を受けるのです。

ここに注意！　「かんぽ生命」では、学資保険や養老保険、終身保険など、貯蓄性の高い保険を多く販売してきました。こうした保険は、貯蓄性が高いぶんカットされる率も高くなる可能性があるので注意が必要です。

これは「郵便局」で加入した、「かんぽ生命」以外の生命保険会社の商品でも同じです。

一方、定期保険、がん保険など貯蓄性がほとんどない保険は、カットされる部分も少ないので、あまり影響を受けません。

ちなみに、これから生命保険に入るなら、イザという時に削られる部分が少ない、「掛け捨て」を基本にしたほうがいいでしょう。

破綻した生命保険会社の運用利回り減少率

過去の事例

破綻した生命保険会社	破綻年月	引き下げ後の予定利率
日産生命保険相互会社	1997年04月	2.75%
東邦生命保険相互会社	1999年06月	1.50%
第百生命保険相互会社	2000年05月	1.00%
大正生命保険株式会社	2000年08月	1.00%
千代田生命保険相互会社	2000年10月	1.50%
協栄生命保険株式会社	2000年10月	1.75%
東京生命保険株式会社	2001年03月	2.60%

■保険の運用利回り（予定利率）が下げられる

２つ目の不利益「保険の運用利回り（予定利率）が下げられる」とは、どういうことなのでしょうか。

みなさんが払った保険料は、保険の支払いなどに必要になるまでは、あらかじめ約束した利回りで運用されていきます。

保険の場合、加入した時に約束した運用利回り（予定利率）は、どんなに厳しい経済状況であっても、維持されます。

例えば、バブルの時に加入して、今まで更新せずに入り続けている保険は、この運用利回りが何と5・5％という、今では信じられないほど高く約束されています。

ちなみに、今加入する保険は、この運用利回りが0・3％くらい。何十年ものあいだ、5・5％で運用されていくのと0・3％で運用されていくのでは、最後にもらえる金額も雲泥の差になります。

ただ、生命保険会社が破綻した場合、こうした高い利回りは削減されます。高い運用利回りだと、破綻を引き受けた会社が運用しきれなくなる可能性があるからです。

前ページの表は、過去の生命保険会社破綻に伴って引き下げられた後の利回りを示しています。

ここに注意！「かんぽ生命」の場合、多くの人が貯蓄性のある保険に加入しています。そして、高い運用利回りになっているのは、2007年9月30日以前、「民営化」前に加入している方たちです。その方達の保険は、最後まで高い利回りのまま国に守られることになります。

一方、「民営化後」に加入した人は、そもそもスタートした時の運用利回りが1・5%とそれほど高くないので、運用利回りの引き下げで受ける影響も、通常の保険会社ほど大きくはないでしょう。

なお、保険契約の時に約束した、「死亡時の保険金」や怪我や病気などでの入院時にもらえる「入院給付金」については、削られることなく保障されます。

◆「投資信託」は「郵便局」破綻の影響を受けない

「郵便局」では、2005年10月から「投資信託」を販売しています。「投資信託」は、販売している金融機関が破綻しても、それで価値が削られるなどの影響は受けません。

「投資信託」には、「投資信託」を設定・運用する会社（投信委託会社）、売る会社（証券会社・銀行など）、そして資産を預かる会社があって、これらの会社のどこが破綻しても、投資家は、投資額にかかわらず守られる制度が設計されています。

■「投資信託」を設定・運用する会社が破綻した場合

「投資信託」を設定・運用する会社は、運用などの指図をするだけで、実際に信託財産を保管したり管理したりはしていません。

ですから、「投資信託」を設定・運用する会社が破綻しても、そのために投資家が被害を受けることはありません。その商品は、別の運用会社に引き継がれるか、「繰り上げ償還」といってあらかじめ決まった期間を前倒して返金されます。

■「投資信託」を売った会社が破綻した場合

「投資信託」は、「郵便局」の窓口だけでなく、銀行や証券会社など、様々な金融機関で幅広く売られています。

言い換えれば、販売した金融機関は、投資家の窓口になっているだけ。買った「投資信託」は、「信託銀行」が信託財産として管理しているので、窓口である金融機関が破綻しても、「投資信託」の信託財産には影響はありません。破綻した窓口の会社に代わって、別の会社が販売窓口となり、購入、売却など様々な手続きをしてくれます。

■「投資信託」を預かる会社が破綻した場合

「投資信託」を預かっているのは、「信託銀行」です。

では、「投資信託」を預かっている「信託銀行」が破綻したら、預けてある「投資信託」は、どうなるのでしょうか。
じつは「信託銀行」は、自分の銀行で管理する財産と、「投資信託」を別々に管理しています（「分別管理」と言います）。ですから、「信託銀行」が破綻したとしても、「投資信託」の購入者は影響を受けません。投資家は、破綻時点の価格で解約されてお金が戻るか、または、他の「信託銀行」に引き継がれ、そのまま「投資信託」を保有することになります。

ここに注意！　「投資信託」については、関係する金融機関が破綻しても、破綻の影響は受けないようになっています。ただし、「投資信託」は、投資商品ですからそれ自体にリスクがあります。そのリスクについては、最後まで自分で負わなくてはなりません。

◆苦境に立った「郵便局」の行く末

「郵便局」をめぐっては、持っている金融商品に不安を感じているだけでなく、民営化された「日本郵政」「ゆうちょ銀行」「かんぽ生命」の株を買って、大損しているという人もいることでしょう。

3社の株式保有比率を見ると、3社とも約2割が個人の株主です。

なぜ、こんなに個人の比率が高いのかといえば、「日本郵政グループ」という抜群の知名度があったということはもちろんですが、3社ともこれまで高配当を出していたということが大きいでしょう。

例えば、「日本郵政」は株価900円前後に対して予定年間配当が50円でしたから、年間の配当利回りだけを見ると約5・5%と、低金利の中ではとんでもなく高金利な運用商品となっていました。

ただ、今後、経営状況が苦しくなる中で、今のような高配当が続けられるかといえば、それは難しいでしょう。

また、株価の下落で、「ゆうちょ銀行」も「かんぽ生命」も、株を完全売却して一般的な金融機関となることは難しいでしょうから、先行きには不安が付きまといます。将来性などへの不安から、プロはあまり積極的には買っていない株だということを心にとめておいた方がいいでしょう。

誕生から約150年、政治に利用され、政治に翻弄され、結果的にジリ貧で「破綻」が避けられなくなっている「郵便局」。ユニバーサルサービスが義務付けられているため、全国約2万4000局は減らせないにもかかわらず、ここにきて約1万人の局員をリストラするなどという話も出てきています。

つまり、仕事は増えるのに、働く人が減っていくというブラック企業化が、ますます進む可能性があるということです。働く人のモチベーションは、さらに下がっていくことでしょう。これも「郵便局」の破綻に繋がる要因です。

増田寛也社長を迎え、新しく船出した「郵便局」ですが、新しい経営陣は会社経営のプロではなく全員が元官僚。健闘を祈るばかりですが、プロの船長がいない、この沈みかけたタイタニック号を救う手立てがあるのか考えると、不安は拭いきれません。

荻原博子　おぎわら・ひろこ
1954年、長野県生まれ。経済事務所に勤務後、82年にフリーの経済ジャーナリストとして独立。難しい経済と複雑なお金の仕組みを、生活に根ざしてわかりやすく解説することに定評がある。著書に『隠れ貧困』（朝日新書）、『10年後破綻する人、幸福な人』『投資なんか、おやめなさい』（共に新潮新書）、『年金だけでも暮らせます』『保険ぎらい』（PHP新書）、『最強の相続』（文春新書）など多数。テレビ出演や雑誌連載も多い。

朝日新書
766
「郵便局《ゆうびんきょく》」が破綻《はたん》する

2020年5月30日第1刷発行

著　者　荻原博子

発行者　三宮博信
カバーデザイン　アンスガー・フォルマー　田嶋佳子
印刷所　凸版印刷株式会社
発行所　朝日新聞出版
〒104-8011　東京都中央区築地5-3-2
電話　03-5541-8832（編集）
　　　03-5540-7793（販売）

Published in Japan by Asahi Shimbun Publications Inc.
ISBN 978-4-02-295072-7
定価はカバーに表示してあります。

落丁・乱丁の場合は弊社業務部（電話03-5540-7800）へご連絡ください。
送料弊社負担にてお取り替えいたします。